Eudio Omar Barboza

El autor y su familia, forzados por el creciente deterioro de la situación social, económica y política en su país natal, Venezuela, son inmigrantes en los Estados Unidos. Esta experiencia, que para muchos es una calamidad, representó un reto que nos permitió superar la zona de confort.

El autor cuenta con amplia formación gerencial y técnica, y, además, es empresario, docente universitario, conferencista y escritor. Experiencia de gran ayuda durante la realización del presente libro, esencialmente orientado al nuevo inmigrante.

EMIGRAR
A LOS ESTADOS UNIDOS

La resiliencia del venezolano

Eudio Omar Barboza

Emigrar a los Estados Unidos La resiliencia del venezolano
Fuera de Colección

Curador: @Monzantg

ISBN-13: 978-1978149991
ISBN:-10: 1978149999

A los venezolanos,
especialmente a los jóvenes que, como héroes,
han entregado sus vidas en el intento de rescatar
la democracia en Venezuela.
Y han inspirado a otros
para que hagamos nuestros mejores esfuerzos

A los entrevistados,
por abrir sus pensamientos y sus emociones.
Por contar sus experiencias,
sus puntos de vistas sobre cómo ajustarse
y avanzar en su nuevo destino.
Y, finalmente, por darle la razón de ser
y el verdadero sentido a este libro

Introducción

La Organización de Naciones Unidas (ONU) clasifica a los Estados Unidos como uno de los mejores países del mundo para vivir, debido a sus excelentes índices de calidad de vida en las áreas de educación, salud y seguridad social. Además, es un país que ofrece un conjunto de oportunidades e instituciones que ayudan a los inmigrantes a insertarse en esa sociedad. Esta es la razón por la cual aparece como la primera opción al momento de elegir a dónde emigrar.

La sociedad norteamericana tiene una larga tradición como país huésped de inmigrantes, lo cual ha creado una sociedad multicultural en la cual se entremezclan razas, culturas y tradiciones. Donde se fomenta la libre empresa y se protegen las libertades cívicas, sociales, políticas y económicas.

En este libro se ofrecen varias entrevistas a inmigrantes venezolanos que residen en los Estados Unidos y que, por distintas razones, han emigrado de su país de origen, con sus historias llenas de perseverancia, coraje, solidaridad, visión de futuro, creatividad, sentido de oportunidad, iniciativas, adaptabilidad y fe. Estas actitudes y estrategias, utilizadas por los inmigrantes entrevistados son, sin lugar a duda, fuentes de aprendizaje e inspiración para el nuevo emigrante.

De entre los tantos recursos que existen, se muestran algunos que facilitan la inserción del inmigrante, tales como la orientación legal para permanecer en el país bajo completa legalidad y que proporcionan la ayuda de instituciones sin fines de lucro: iglesias, bibliotecas públicas, fundaciones empresariales. Al igual que se brinda información sobre protocolos orientados al grupo familiar: conseguir vivienda, seleccionar el colegio correspondiente para los hijos, atención médica y odontológica, y el control de vacunas para los menores.

El entrevistador y autor de este libro emigró a los Estados Unidos, junto a toda su familia, y conoce, por experiencia propia y ajena, lo que es ser inmigrante en este gran país. Ha vivido muy de cerca las historias de sacrificios y esfuerzos de algunos venezolanos que decidieron hacer vida en tierra estadounidense.

El lector tiene en sus manos un libro de entrevistas fundamentado en la inmigración venezolana. Sin embargo, los consejos, las orientaciones y las historias que se exponen, son útiles a emigrantes de cualquier otro país.

Crisis migratoria venezolana

No se sabe con exactitud cuántos venezolanos han emigrado a partir de 1999. Pero, según el investigador Iván de la Vega, director del Laboratorio Internacional de Migraciones, para 2017 había alrededor de dos millones y medio de venezolanos viviendo en otros países, equivalente al 8,3% del total de la población forzada a emigrar, en las dos últimas décadas, debido a la crisis económica, social y política.

Según el Laboratorio, la principal causa de desplazamiento es la inseguridad. «Los que se han ido por este motivo fueron directamente víctimas de robo o secuestro, o perdieron a un familiar cercano en circunstancias violentas», explicó el investigador.

Cuando se compara esta enorme cifra con los apenas cincuenta mil venezolanos que emigraron antes de ese período, podemos apreciar la dimensión de esta diáspora venezolana.

Sin embargo, en el fondo, la causa por la que se emigra en Venezuela la podemos resumir en la palabra desesperanza. Entre 2013 y 2017, el venezolano se vio sometido a una permanente agresión psicológica y material que lo llevó a sintetizar, en una frase, aquella desesperanza: «la única salida de Venezuela es el aeropuerto».

En su propio país, el venezolano muere por falta de medicamentos. Los centros hospitalarios, públicos y privados, carecen de insumos para brindar atención médica adecuada. Las familias viven encerradas en sus viviendas para evitar formar parte de la estadística de la criminalidad. La tortura a los presos políticos es práctica diaria. Hay escasez de alimentos y productos para la higiene diaria. Los más pobres hurgan en la basura buscando algo para comer. Todo está deteriorado. Hay falta total de normas y respeto a las leyes. El ciudadano común no consigue o le cuesta conseguir lo mínimo necesario para vivir y lograr sus metas en sociedad.

En este contexto, es comprensible que los venezolanos traten de escapar a la crisis e intenten emigrar a otros países. En sus inicios, la emigración venezolana comenzó con la clase media dirigiéndose a los Estados Unidos, Europa, Australia o a los países petroleros del Medio Oriente, buscando la oportunidad de ejercer sus habilidades profesionales o crear empresas.

Fue una emigración de profesionales con excelente formación. Con títulos universitarios o técnicos y un porcentaje de ellos con maestrías y doctorados. Empresarios, profesionales universitarios, técnicos o ingenieros petroleros con amplia experiencia y conocimiento en sus campos.

Sin embargo, entre 2013 y 2017, debido al agravamiento de la crisis en Venezuela, el perfil del emigrante venezolano ya no solo es profesional o empresarial. Incluye artistas y artesanos, peluqueros, comerciantes minoristas, maestros, bomberos, entre otros que buscan refugio en Colombia, las islas del Caribe, Guyana, Panamá, Chile, República Dominicana, norte de Brasil, Perú, Ecuador, además de los destinos tradicionales como Estados Unidos y Europa.

La crisis venezolana es más una tragedia humanitaria similar a una catástrofe natural. Lo que las diferencia es que, mientras en este tipo de catástrofes el impacto es momentáneo –aunque de largo alcance en daños–, en Venezuela se agudiza de forma sostenida.

Venezuela nunca fue un país de emigrantes, sino de inmigrantes. Era la casa a puertas abiertas de decenas de miles de ciudadanos colombianos, chilenos, paraguayos, bolivianos, nicaragüenses, argentinos, panameños, italianos, españoles y portugueses.

Quienes, huyendo de la guerra civil o de la guerrilla, aguijoneados por los gobiernos autoritarios de Pinochet (Chile), Stroessner (Paraguay), Banzer (Bolivia), Somoza (Nicaragua), Videla (Argentina), Franco (España), Oliveira Salazar (Portugal), buscaban seguridad económica, política y social, en un país que, por demás, les brindaba hospitalidad, trabajo y la libertad negada en sus países de origen.

Desde 1999 el flujo es a la inversa. Los venezolanos intentan salir de su país buscando alivio a una vida rodeada de amenazas reales para su futuro. Y salen a hacer vida en suelos ajenos, dónde sacan lo mejor de sí, demostrando coraje, optimismo, inventiva, vocación de trabajo y adaptabilidad. Siempre esperanzado como el guerrero de la luz que espera cumplir sus sueños y los de sus seres queridos.

Cómo destruir un país

A partir de 1945, y hasta la década de los 80, Venezuela llegó a ser un país con crecimiento económico y social sostenido, mostrando estadísticas por encima de las mejores economías del mundo: moderadas tasas de inflación, empleos bien remunerados, alta tasa de inversión extranjera y un reconocido comportamiento de su economía en términos monetarios.

Durante ese período es posible indicar, por una parte, que se mantuvo acorde el crecimiento de una clase media educada en las mejores universidades, dentro y fuera del país. Con capacidad económica para comprar viviendas, disfrutar de vacaciones en el exterior, adquirir los mejores productos y servicios, nacionales e internacionales, y tener acceso a la calidad en los cuidados de la salud, en clínicas y hospitales, gracias a excelentes médicos con postgrados en el exterior en las diferentes especialidades, y a precios asequibles.

Por otra parte, en Venezuela se vivía con niveles óptimos de armonía y camaradería. Sin problemas de diferencias apreciables de raza. Con buena convivencia entre nacionales y extranjeros. Y donde el humor era una vía para resolver diferencias y salvar tropiezos.

Se tenía un país seguro en el que los robos de vehículos, los atracos y los asesinatos eran lejanos o extraños. Donde se podía viajar, a lo largo y ancho del país, sobre excelentes carreteras y descansar en hoteles adecuados con precios aceptables.

Es posible recordar que las empresas se acercaban a las universidades venezolanas para ofrecer trabajo a los estudiantes que tenían las mejores calificaciones durante el último año de la carrera. Trabajos a los cuales tendrían acceso una vez graduados. Y cuando comenzaban a trabajar, con solo mostrar su título universitario y su constancia de trabajo, podían comprar vivienda y vehículo.

La motivación personal albergaba distintos caminos. El profesional esperaba conseguir empleo bien remunerado; el empresario, tener acceso a créditos agrícolas o industriales con tasas de interés subsidiadas por el Estado. A los más desposeídos se les garantizaba vivienda y comida. Y al estudiante, educación gratuita de buena calidad y la posibilidad de estudiar en el exterior.

En el argot popular, se disfrutaba criticar al gobierno de turno. Pero se sabía que habría alternabilidad entre los dos principales partidos políticos, AD y COPEI. Se hacían chistes sobre las rivalidades banales entre políticos adecos y copeyanos, corrillos de pasillos o, si se era estudiante, se protestaba por la guerra del Vietnam o Camboya, a pesar de que para muchos eran desconocidas sus ubicaciones geográficas.

Si bien las instituciones públicas no eran lo mejor en cuanto a la prestación de servicios, muchos venezolanos resolvían mediante la propina, la amistad, el compadrazgo o apoyado en la recomendación de un amigo o de una persona influyente.

Sin embargo, tanto la casi total dependencia del Estado venezolano del petróleo, sin desarrollos alternativos de otras fuentes económicas, como la llamada «viveza criolla»[1], terminaron por afectar al país.

En febrero de 1983 se tuvo el primer shock. El llamado «Viernes Negro» –durante el gobierno de Luis Herrera Campins, un presidente bonachón, honesto y buena gente que de todo hacía un chiste, una adivinanza, pero culto y bien formado, llamado el «Presidente Cultura» por sus aportes a la cultura venezolana– se hizo visible una profunda crisis del modelo económico venezolano a partir de la devaluación del bolívar frente al dólar.

El bolívar, que desde la segunda década del siglo XX se había mantenido anclado a 4,30 frente al dólar americano, empieza a devaluarse de manera sostenida alcanzando en 2017 más de cuatro mil veces su valor histórico.

El ocaso de la Venezuela dispendiosa comienza a principio de los años 80. Los precios del petróleo se mantuvieron bajos, lo que ocasionó inflación, movilizaciones sociales de protesta y exigencia de mejoras salariales por parte de los trabajadores. Hasta ese quiebre de la luna de miel social entre gobierno y población, los gobiernos habían resuelto sus problemas de descontento social a fuerza de dinero, pero no mediante el desarrollo instituciones fuertes que mediaran los conflictos. Por otra parte, la bonanza petrolera dio ascenso al

---

1   *Viveza criolla*, Víctor Hugo Márquez la define, más adelante, como «la corrupción popular».

crecimiento y sostenimiento de una clase media, al tiempo que acumuló una deuda social con la población más empobrecida del país.

El otro punto de quiebre para la democracia venezolana fue el llamado «Caracazo», en febrero de 1989. Un estallido social sorpresivo y de mucha violencia popular, sin coordinación política, extendido a varias ciudades del país, con una brutal represión policial y militar, y con fuertes pérdidas para comerciantes e industriales, que estremeció a la sociedad venezolana y esfumó la convicción de fortaleza en el gobierno.

El Caracazo fue la consecuencia de una enorme frustración colectiva al no poder tener de nuevo la Venezuela próspera del primer gobierno de Carlos Andrés Pérez, entre 1974 a 1979. La imagen que se tenía de Pérez era la del presidente del «Milagro Económico». Sin embargo, la devaluación de la moneda, la inflación y la deuda externa dieron la estocada. Amén de una clase política y empresarial que adversó la modernización del país que se pretendía hacer durante el nuevo gobierno de Pérez, entre 1989 y 1994.

Después del Caracazo, la armonía se hizo añicos. La Venezuela de todo lo posible en la que había para todos, se enfrentó al desconcierto. Y la población, atemorizada y acostumbrada al Estado proveedor, empezó a buscar un líder que le proporcionara seguridad.

Hasta ese momento, las dos instituciones con mayor credibilidad eran la Iglesia Católica y las Fuerzas Armadas. Y de estas últimas surge el líder: Hugo Chávez. Un subteniente del ejército que conspiraba desde años atrás y que, en 1992, intentó derrotar al gobierno del presidente Carlos Andrés Pérez.

El golpe militar fracasó. Hugo Chávez estuvo preso cerca de dos años y, por la vía electoral, llegó a ser presidente, en 1998, con el apoyo no solo de las clases populares cautivadas por su discurso populista, sino también de las élites que lo percibían como el líder honesto y fuerte que reinstauraría el orden en el país.

A partir de 1999, con el arribo de Chávez a la presidencia, Venezuela se transforma para peor. Su carisma personal y su popularidad, junto a la subida astronómica de los precios del petróleo hacen posible la mal llamada Revolución Bolivariana. Chávez aparece en el lugar preciso y en el momento preciso, para desgracia de Venezuela.

Un agitador persuasivo con verbo incendiario que hablaba horas ante un público alelado y cautivo, supo rebuscar los peores instintos primarios de nuestra sociedad y destacar los defectos de los gobiernos democráticos anteriores estimulando las bajas pasiones de un pueblo, sobre todo entre los más pobres.

Con ataques injustificables, y a menudo con un lenguaje soez, hablaba para un pueblo ávido de un líder que se pareciera a él. Que se comportara como él. Que expresara la rabia de vivir en un país en el que otros, los de arriba, les habían arrebatado su parte de la riqueza.

Lo de Chávez era el ataque continuo y la amenaza permanente contra todo aquel o todo aquello que le opusiera resistencia. Y si con su extraordinario olfato político percibía que la pelea cazada lo desbordaba, entonces retrocedía uno de los dos pasos que había dado. Sus decisiones eran inconsultas. Dependían de su humor y de su ego desbordado. Y de esa manera acentuó y dio aprobación a una parte de esa conducta típica del venezolano que consiste en hacer lo que le viniera en gana.

Chávez busca, a cambio de petróleo «regalado», el apoyo de los hermanos Castro, de Cuba, quienes le proporcionan seguridad policiaca ante la posible reacción de la sociedad venezolana por los desbarajustes que hace en el país y en la vida de todos sus habitantes. Chávez sembró el odio entre clases, entre ricos y pobres, entre la oposición y sus seguidores, y propició la aniquilación de las débiles instituciones democráticas y de los tradicionales líderes y partidos políticos.

Además, fomentó la exacerbación del populismo, el estatismo económico, la confiscación de tierras, de propiedades y de empresas privadas. Arrodilló al Poder Judicial y al Poder Legislativo colocándolos a sus órdenes, confiscándoles su autonomía y su papel de contrapeso. Y, como colofón, despidió masivamente a los empleados petroleros y se apropió de la industria petrolera, PDVSA.

Tanto el pasado del país como la figura de Simón Bolívar, Chávez los convierte en obsesión, en su forma de 'rescatar' la dignidad perdida. Lleva a cabo la casi imposible tarea de destruir el país con las mayores reservas petroleras del mundo, con enormes ventajas de recursos, ubicación geográfica, clima, bellezas naturales y gente preparada. Y lo logra.

Antes del desastre chavista, varios intelectuales venezolanos –Moisés Naím, Ramón Piñango y Manuel Barroso– en sus conferencias y libros alertaban sobre el ocaso de la Venezuela próspera. Y algunos de ellos anunciaron el mesías que llegaría a salvar a Venezuela para destruirla más.

Con Chávez, y su chequera petrolera, se exacerban sueños de grandeza como la construcción del gasoducto desde Venezuela hasta la Patagonia argentina; la limpieza del contaminado río Guaire, de Caracas, hasta poder bañarse en sus aguas; o la promesa de que no habría ni un solo niño pobre en las calles de Venezuela. Sin embargo, las grandes obras no se realizaron y aquellos niños se multiplicaron, hurgan la basura para conseguir algo de comer y mueren en los hospitales por falta de medicamentos.

Son muchas las causas que trajeron los males que castigan a Venezuela: deuda social acumulada durante los años de bonanza, actitud equivocada del Estado proveedor, debilidades institucionales, partidos políticos anquilosados, líderes empresariales miopes que hicieron connivencia con políticos corruptos, y aparición de un líder que supo explotar las diferencias para −él y su entorno− asaltar el poder.

Las élites venezolanas hicieron posible que el monstruo mediático que supo exacerbar las asimetrías de la sociedad venezolana llegara al más alto poder. Son muchos los catalizadores de la tragedia venezolana: un anciano presidente Caldera que liberó de la cárcel a Chávez; un político de izquierda de gran experiencia, como Luis Miquilena, y otros miembros de las élites que luego adversaron al Chavismo o sufrieron el exilio obligado, permitieron o auparon su llegada al poder.

Las fuerzas militares, mimadas por el régimen por sus incentivos económicos y por su participación en la corrupción, también permitieron y mantienen un régimen rechazado por nueve de cada diez venezolanos. Y las consecuencias de esos errores han sido desproporcionadas para Venezuela.

El venezolano que se queda en Venezuela −y el que emigra− sufre por ellas.

EL VENEZOLANO
COMO PARTE DE LA CRISIS

Víctor Hugo Márquez
Psicólogo radicado en Venezuela

El Dr. Víctor Hugo Márquez es psicólogo, abogado, poeta, músico, profesor universitario y cantautor del folclor venezolano. Describe el cambio de conducta de la Venezuela «inocente, cooperativa y comunitaria» a la llamada «viveza criolla» de los venezolanos y de sus gobernantes. Sin duda, una de las principales causas que llevaron a la Venezuela del desastre.

También refiere cómo vive el venezolano en su propia tierra y habla de su personal misión pedagógica, tan quijotesca como hermosa y loable: «A través de mis canciones, de mis clases. A través de mi trabajo. De ser un padre auténtico para que la gente vuelva a recuperar su conciencia...»

Y es que esta conversación con Víctor Hugo recuerda la respuesta que el psicólogo social Axel Capriles dio al periodista que le preguntó ¿qué será de la vida de «Juan Bimba»?[2] «Con un nuevo gobierno, a Juan Bimba habrá que tirarle una cuerda para sacarlo del foso y una vez en la superficie, enseñarlo a valerse por sí mismo. No más Estado providencial».

Como psicólogo y como venezolano que brega en el país ¿qué se siente vivir en la Venezuela de la mayor crisis de su historia?

Tengo que empezar por decirte que el caso mío es de un profundo arraigo. De un profundo nativismo. Es probable que otras personas no vean la vida como la veo yo. Soy un cultor popular y desde niño mi papá me enseñó a amar intensamente mi paisaje y mi gente. Siento que los principios que me enseñaron, actualmente no se viven con firmeza. Me han dado a entender algo distinto y, como psicólogo, he llegado a entender que la gente involucionó.

Cuando tenía menos de diez años, me percaté de que la gente aplaudía el trabajo, tenía otros principios, se dormía con las puertas abiertas, no faltaba a su palabra en el pago de sus deudas, tenía un concepto más alto del honor, homenajeaba a quien progresaba por esfuerzo propio y execraba a los delincuentes.

Los delincuentes tenían que irse de los pueblos porque la gente los rechazaba, pero desde los años 60 del siglo XX en adelante, entiendo que por razón del regalo petrolero, del petróleo mal administrado, empezamos a caer en una bonanza que tuvo dos defectos: el facilismo y la impunidad.

Son dos caras de la misma moneda. Facilismo para conseguir las cosas, porque los gobiernos empezaron a comprar la conciencia de la gente. A facilitarle demasiado las cosas para que el hombre común no se ganara realmente lo que

---

2 *Juan Bimba* es un nombre coloquial usado para referirse al pueblo venezolano.

obtenía, sino que la fuente de adquisición fuera un regalo tremendamente corruptor.

Hubo gente que recibió el «plan de emergencia» después de la salida del dictador Pérez Jiménez. En algunos casos, lo recibieron tres veces porque, como el control no era digitalizado, cobraban en tres ciudades distintas y eso constituyó una fuente de vicios, de derroches, de cualquier cantidad de cosas negativas.

La gente de la zona petrolera se acostumbró al «Comisariato», esos centros de distribución de alimentos auspiciados por la empresa petrolera que tenían precios irrisorios. Y había gente que, además, estaba en nóminas fantasmas y cobraba sin trabajar.

Empezó a desatarse esa «viveza criolla» que no es otra cosa más que la corrupción popular. Eso no existía en la Venezuela rural. Antes de los años 60, todos nos levantábamos temprano. La gente tenía que bregar muy duro porque hasta la misma falta de tecnología obligaba a trabajar con esa fuerza.

Los obreros tenían que usar el hacha y el machete porque no había tractores ni motosierras. Los albañiles levantaban una casa con herramientas menores. No es que ya no existieran, sino que en Venezuela llegó retardada la Revolución Industrial, y nos hizo un daño terrible desde el punto de vista moral. Nos mejoró la calidad de vida material. Pero de una manera que no asimilamos como una enseñanza moral, sino como un desaprendizaje moral, creó la más triste convicción de que los venezolanos nacíamos con una arepa debajo de un brazo y un barril de petróleo debajo de nuestros pies.

De los años 70 en adelante, especialmente durante el primer gobierno de Carlos Andrés Pérez, el petróleo se repartió aún más a manos llenas que cuando Rómulo Betancourt. Porque cuando Pérez Jiménez hubo riquezas y cuando Gómez también, pero el pueblo no tuvo acceso a esas riquezas.

Gómez terminó de pagar la deuda que venía desde el siglo XIX y Pérez Jiménez hizo grandes obras, pero el pueblo tenía que trabajar duro para conseguir lo suyo. En cambio, de Betancourt en adelante empezaron las obras menudas que facilitaron calidad de vida, vialidad agrícola, reparto de tierras con la reforma agraria, carreteras, hospitales, dispensarios, casas rurales, y una gran cantidad de facilidades para que la gente tuviera acceso a la educación, tales como la creación de liceos y nuevas universidades.

Todo eso le facilitó la vida a la gente. Era significativa la cantidad de casas financiadas por el gobierno a bajísimo costo y la fortaleza del bolívar era enorme. Hubo explosión del aumento del salario y, en consecuencia, de la facilidad de vida. Dejó la gente el campo y se vino a las zonas urbanas. Llegó la tecnología.

Las amas de casas tenían un asistente de cocina. Ya no teníamos que moler el maíz a mano. Llegaron los tractores y las grandes grúas para trabajar en la construcción. Toda esa facilidad material de vida mal administrada, mal encaminada, dio lugar a la involución personal.

Como profesor de Psicología del Desarrollo, estoy escribiendo un libro llamado *Lo psicológico en el subdesarrollo.* Estoy convencido de que la gente que vi pidiendo permiso para casarse y alegando todo lo que sabía hacer y toda su firmeza, su estructura moral para formar una familia en los años 60, había llegado a los parámetros que los psicólogos del desarrollo entendemos por adultez joven. Eran capaces de amar y de producir. Habían recibido la ternura y el rigor, sobre todo el rigor suficiente para amar y producir. Era gente que formaba una estadística de promedio de 18 años en un país joven.

Eso cambió totalmente. Tenemos 30 años en edad promedio y hemos regresado a los 15 años de edad mental. Ya no somos adultos jóvenes. Ya este país se comporta como un país adolescente y, en muchos casos, como niños.

La gente bota las colillas en la calle, arrugan los papeles y los botan al suelo. Se están tomando una *chicha*[3] y botan el vaso donde sea. No les importa si su moto tiene un bote de aceite que contamina y va a nuestro lago. Es increíble cómo la gente dice groserías. Cosa que antes no se hacía. Y sabemos que de la abundancia del corazón habla la boca, pues la gente mal hablada exterioriza su tono moral.

La gente desconfía de todo el mundo y eso es un mecanismo de defensa, de proyección, porque cada ladrón juzga por su propia condición. Si yo desconfío de todos los demás, entonces también hay que sospechar de mí. Quien me vea, desde afuera, puede sospechar que soy desconfiable porque estoy manifestando una condición que también tengo. Habría una generalización de la desconfianza.

Cada vez que aumentan el salario, la vida va a costar mucho más. Total, hemos caído en una compra de votos. Cada gobierno ofrece más y la gente no mira si los candidatos a gobernar son competentes y honestos, sino que se dejan llevar por la oferta, como los niños. Los niños son fácilmente engañables a través del regalo. Y como ellos son dependientes, necesitan quién les resuelva sus problemas.

Esta sociedad cada día exige más derechos y cumple menos deberes. Y eso matemáticamente lleva al fracaso, al rompimiento. Primero moral y luego económico. Porque mientras más cosas recibamos sin merecer, más dañados estamos moralmente. Más dependientes somos. Más humillables somos.

---

3   *Chicha* es una bebida derivada de la fermentación no destilada del maíz y otros cereales.

Nuestra población se ha pervertido de tal manera que cada vez que opta por candidatos a gobernar no busca al más capacitado, al más preparado, al que haga el análisis más profundo de la situación que vivimos. No tiene autocrítica. No hace la autoevaluación que le permita establecer en qué se equivocó –una de las funciones propias de los adultos–, sino que busca culpables.

Y el gobierno que tenemos desde hace 18 años es increíble cómo no es culpable de nada. Si se va la luz, buscan excusas ridículas: una iguana se atravesó en los cables, un sabotaje, una guerra económica, un saboteo del imperio. Cualquier cantidad de excusas para no reconocer la ineptitud y para no admitir la corrupción.

Montesquieu inspiró a Bolívar no solo para libertar América, sino para convencerlo de que había que dividir los poderes para ejercer los controles y los contrapesos en una sociedad más transparente y más correcta. Para que no hubiese impunidad, porque donde hay impunidad no hay justicia. Y cuando no hay justicia, no hay verdadero crecimiento moral de las personas. Esta gente del gobierno se ha dado a la tarea de usar como bandera a Bolívar, pero lo contradicen completamente en la división de los poderes.

La democracia entiende que el ser humano puede cometer errores, puede caer en tentaciones y, por lo tanto, necesita control. ¿Y qué está pasando ahora? Pareciera que el gobierno hace lo contrario. Porque se han denunciado inmensos casos de corrupción, adentro y afuera, y los acusados andan sospechosos con casas que nunca habrían podido comprar con su trabajo, con carros que nunca hubiesen podido comprar con su trabajo, con viajes y lujos que nunca hubieran podido pagar.

Mientras más involucionados, más ostentosos. Mientras más niños, más se usa el pensamiento mágico y se cree que la aprobación social se basa en mostrar cosas costosas y ostentosas. Una nueva corrupción mucho mayor que la anterior a estos 18 años.

Nos hemos llenado de lo que llamamos una *boliburguesía*[4]. La gente que no es del gobierno o del «proceso», observa cómo los ladrones de miles de millones de dólares depositados en el exterior, le quitan su comida, sus medicinas, el valor al bolívar y el valor del salario que le provee su posibilidad de vivir. En cambio, los que son del «proceso», del gobierno, andan detrás de los grandes ladrones a ver cómo aprovechan una tajada. Y es algo realmente vergonzoso y humillante ver cómo todos los países señalan a Odebrecht. Escándalo por el que cae la

---

4   *Boliburguesía*, los nuevos ricos del chavismo.

presidenta de Brasil, y por el que se señalan presidentes de otros países donde las investigaciones avanzan. Pero en Venezuela es como si no pasara nada.

Lo peor de nuestra situación no es la ruina material. Es la ruina psicosocial, moral. La convicción colectiva, la desesperanza que lleva a la gente a pensar que no hay posibilidades de resolver el problema.

He observado el enorme cambio que dimos desde una sociedad inocente, cooperativa y comunitaria. Alguien veía que se accidentaba un carro e inmediatamente corría para ayudar. La gente visitaba a los enfermos de su cuadra, les llevaban sopa, se intercambiaban las comidas. Desde los patios, las amas de casa se gritaban qué estaban montando de almuerzo para que fuesen a compartir en sus mesas. Todo el país regaba. Todo el país cuidaba lo que sembraba. Había excedente de alimentos. Lo que faltaba era la manera de producir a escala de exportar esa comida.

Pareciera como si un disfraz de ideología de solidaridad humana y disminución de la explotación del hombre fuera todo lo contrario. El hombre nunca había sido tan esclavo y le había alcanzado para tan poco el salario. Ha sido peor el Estado explotador que el explotador privado. Además, nunca había existido tanta falta de solidaridad entre los ciudadanos. Por un lado, la escasez. Por otro, la desconfianza y la inmensa inseguridad que existe porque no tenemos el policía adentro. Porque nuestro nivel de conciencia quedó destruido.

El desarrollo moral comienza en la niñez. El niño observa una norma, no porque la entienda, pues es muy pequeño para entenderla. Cuando tiene dos o tres años, el niño deja de halarle el pelo a su hermanito menor porque el padre o la madre lo amenazan. Porque le ve el rostro serio y la voz firme a su padre diciéndole no. Diciéndole *caca*[5].

Solo obedecemos las normas por eso. Y como hay tanta impunidad, ya ni por eso la gente obedece. El delincuente sabe que no le va a pasar nada. Que tiene un 97% de probabilidades de que no le pase nada. Es como si al gobierno le interesara que hubiese mucha delincuencia para que la gente tenga otra cadena que no fuera directamente impuesta por la acción del gobierno, sino que la forme la misma sociedad.

Se cumplen dos frases de Bolívar: «Un pueblo ignorante es un instrumento ciego de su propia destrucción» y «La inteligencia sin probidad es un azote». Pero también se cumple una de sus predicciones: «No es conveniente que un mismo hombre permanezca mucho tiempo en el poder porque se acostumbra a

---

5   Cosa que no se debe tocar. Niño, eso es caca

mandar y el pueblo a obedecerle. De lo que se derivan la usurpación y la tiranía».
Se están cumpliendo las profecías de un hombre con gran visión de estadista y
político.

Estamos en una sociedad destruida. Y si me preguntas ¿si viste venir eso, por
qué no te fuiste? Muchas veces me lo he reprochado, porque está en riesgo mi
vida. Está en riesgo la vida de mi esposa. Está en riesgo la vida de la única hija
que tengo. Le aconsejé a mis hijos mayores que formaran cabeza de playa en otro
país, por si acaso todos teníamos que huir despavoridos. Y está casi llegando el
momento de huir despavoridos.

Pero hay una fuerza muy grande que me une a esta tierra y es el espacio
humano. Primero, tengo una madre de ochenta y ocho años que me necesita.
Tengo unos hermanos nobles, trabajadores, que están luchando contra todas las
dificultades. Tengo unos amigos que, por amar el espacio humano y ambiental
como lo amo yo, también quieren permanecer aquí.

Los poquitos espacios que nos quedan: los colegios profesionales, los clubes
sociales, los centros comerciales que están aparentemente bien vigilados, nos
brindan la posibilidad de reunirnos. Le tenemos miedo a la calle. Cada vez
tenemos rejas más fuertes en nuestras casas, humildes o no. La gente pobre está
más azotada por la delincuencia porque la escasez ha hecho que en los sectores
más desposeídos haya más propensión a sobrevivir a costa de lo que sea. Los de
clase media nos cuidamos un poquito más y, por supuesto, los ricos no tienen
tanto problema porque tienen vivienda aquí y afuera. Inversiones aquí y afuera.
Pueden darse el lujo de ir y venir.

Si yo pudiera hacerlo, también lo haría. Para tener temporadas de
tranquilidad y producción afuera, y de ejecución y de contacto social adentro.
Pero como eso no me es posible, solo excepcionalmente viajo para ver a mis hijos
y seguir bendiciéndolos a distancia. Y seguir deseándoles que reconstruyan su
tejido social porque el nuestro se rompió.

Sin embargo, se puede reconstruir, pues los seres humanos tenemos una gran
capacidad de resiliencia. La conciencia empieza a entrar, aunque sea por el
estómago. La gente está viendo que:

— Cada día su salario vale menos y su vida vale menos en la calle.
— No le alcanza con ninguna dádiva para vivir.
— No podemos confiar los unos en los otros si la gente no se convence de que
   hay cumplir más deberes antes de ejercer los derechos.
— Las cuatro patas de una sociedad son el trabajo, el estudio, el ahorro y la
   inversión.

- Los países adelantados son los que trabajan y estudian mucho.
- Los países donde hay mayor bienestar social se logra, como decía el Libertador, con un sistema de gobierno que produzca la mayor suma de estabilidad y de bienestar posible para la mayoría de la población.

De manera que también es probable que entienda que:
- Eso conduzca a un cambio moral.
- El elector se haga adulto, aunque sea a golpes como está ocurriendo, y vuelva a razonar.
- La gente vuelva a pensar que solo confiando los unos en los otros podemos progresar.

Los grandes países se construyen con estudio, trabajo, ahorro e inversión. No con dádivas ni manos estiradas y abiertas, ni con robos. No con *raspacupos*[6] ni *bachaqueros*[7], que son los vicios que ha adquirido esta sociedad. Ya esta sociedad no produce, sino que obtiene el dinero a través del bachaqueo y los raspacupo.

Nos están encerrando en el círculo vicioso de la involución. Para sobrevivir, y para no sentirse tan mal, la gente utiliza más mecanismos de defensas ilegales. Más aislamiento, más negación y más represión para volverse otra vez niños y no darse cuenta de lo que pasa, pues prefieren meter la cabeza en la tierra.

Es triste sentirse cobarde por no expresar cada día, a viva voz, lo que ocurre. Pero el que lo exprese tiene la posibilidad de ir preso y de perder cualquier derecho derivado del Estado. Como es mi caso. Estuve nueve años escribiendo una columna en versos en un periódico de la ciudad y, por presión del gobierno, esa columna cerró.

---

[6] *Raspacupo* es una expresión que se utiliza en Venezuela para referirse a las personas que viajaban al extranjero para conseguir, en efectivo, el cupo de dólares que el gobierno autorizaba para este sector y luego traerlos para ser vendidos en el mercado paralelo hasta por más de 20 veces su valor oficial. Se aprovecha del cambio corrupto de divisas.

[7] *Bachaqueros* son los ejecutores del bachaqueo, una actividad ilegal común en Venezuela que consiste en revender los productos básicos que no siempre se encuentran en tiendas y por los que millones de venezolanos hacen horas de fila a diario.

Después intenté expresarlo por otros medios y recibí muchos signos de persecución, negativas de la pensión, negativas de la jubilación. Mi hermano fue arruinado porque le quitaron una finca y no se la pagaron. Todas las dificultades nos han caído encima. Estamos realmente sobreviviendo. Sin embargo, cada día que nos levantamos y vemos el lago de Maracaibo, aunque sea a distancia, vemos la tierra de nuestro país. Porque no es Colombia ni Venezuela. Es un aliviadero de los cuerpos irregulares. Y ahora más, con las FARC se desplazándose en Colombia. Es el aliviadero donde fluye a borbollones el negocio de la droga y del contrabando de gasolina que desangra al país.

La Sierra está allí. Bella. Ni los caracolíes ni los samanes ni las orquídeas que hay en ella se percatan de lo que ocurre porque son un paisaje inocente.

Todavía está ahí el aroma del aire.

Todavía están ahí las garzas, que inocentemente vuelan y se dejan contemplar por nosotros. Por los crepúsculos y los amaneceres.

Todavía están en el país los aromas de nuestros maíces, de nuestras arepas, de nuestras comidas.

Todavía escuchamos el dulce sonido de nuestras danzas, contradanzas, bambucos y gaitas. Todavía tenemos amigos que nos abrazan, que nos aman y eso llena un espacio fundamental al cual no queremos renunciar.

Nuestra intención es seguir luchando para que la mentalidad de la gente cambie. En mis clases, con mis estudiantes, en los pequeños espacios de conversación, luchamos insistentemente porque la conciencia de la gente se vuelque sobre ella misma y logre entender en qué fallamos como sociedad. Que cambie la palabra que entona como pueblo por la de ciudadano. Y entenderemos que muchos habitantes pueden formar un pueblo, pero que ese pueblo podía no haber adquirido ciudadanía.

Adquirir ciudadanía es alcanzar la adultez. Es entender que para ejercer los derechos tienen que cumplirse los deberes. Que la gente tiene la responsabilidad de ser antes de tener. Que la motivación a la fijación al logro es más importante que la fijación por el poder. Y dejarán de querer no hacer nada y, sin embargo, querer tener mucho, lo que nos ha perjudicado porque es una forma de pensamiento patológicamente trasladada a la adultez.

Tenemos adultos físicos en cantidad caminando por la calle, pero detrás de esas pieles esculpidas y arrugadas. De esas cédulas de 40 y 50 años, tenemos muchas mentalidades de niños. Muchas formas de pensar y sentir de niños. Porque hemos involucionado por un ambiente que no nos dejó crecer. Por matrices de opinión que, hasta después que habíamos crecido, nos hicieron retroceder psicológica y socialmente.

Todos esos cambios de mentalidad que ocurrieron en los años 60, 70 y 80 no fueron para que creciéramos como personas. Crecimos materialmente. Tuvimos más vialidad, más universidades, más hospitales. Pero eso no nos hizo tener una mentalidad más progresista, más avanzada, sino que nos devolvió a la niñez. Porque fuimos sostenidos injustamente por el petróleo, que no era un padre sano, como tú y yo lo aprendimos en Análisis Transaccional[8]. Un padre nutritivo y un padre corrector. Sobre todo, el corrector, el del rigor. El padre protector, lo perdimos. El padre crítico que tú y yo aprendimos, lo perdimos. Está sumamente derrotado.

Ese petróleo, que compra nuestra conciencia, es un padre patológico que nos ha acostumbrado a ser niños sumisos en edad política y en el pensamiento. Unos niños rebeldes en las exigencias injustas que hacemos a nuestro entorno y a nuestros gobernantes.

Eso es lo que nos ha ocurrido. Y como la gente es curable, como el ser humano es gerencialmente educable y resiliente, sigo conservando la esperanza a través de mis canciones, de mis clases. A través de mi trabajo. De ser un padre auténtico para que la gente vuelva a recuperar su conciencia y vuelva a recorrer los escalones del crecimiento moral. Cumplir primero por miedo, después por conciencia. Primero por culpa, después por ideología y, por último, por relativismo adulto. Los pasos que tenemos que dar para entender. Porque tenemos que hacer el bien. Porque hacer daño crea desconfianza y retraso.

Mientras no volvamos a tener una conducta inocente, transparente, controlada desde el interior hasta el exterior. Controlada, sobre todo, internamente. Hasta que no volvamos a entender que una sociedad sana pasa por cumplir sus tareas y porque los adultos trabajemos, no por una persona sino por cinco, por nuestros hijos, por todo lo que está en casa y por la gente que no puede trabajar. Hasta que no entendamos que cada persona tiene que multiplicar su capacidad productiva para que el país tenga acumulación de reserva prudente, reservas previsivas, y volvamos a mirar a mediano y a largo plazo. Hasta entonces no vamos a recuperar nuestra sociedad.

Vuelvo a recordar la frase del ilustre Arturo Uslar Pietri, que no llegó a ser presidente de la república porque la gente quería un presidente dadivoso y no un líder inteligente. Hasta que no decidamos sembrar el petróleo, que gracias a

---

8   *Análisis Transaccional* es un sistema de psicoterapia individual y social que se engloba dentro de la psicología humanista. Víctor Hugo y yo recibimos formación en esta psicoterapia en los años 80.

Dios todavía lo tenemos, no vamos a progresar ni a tener un país digno. Porque la dignidad pasa, justamente, por la autoestima equilibrada y aún no la tenemos.

Cuando decimos que somos un gran pueblo y un gran país, estamos diciendo solo la parte positiva. La parte que está bastante acorralada, apabullada. Y no estamos mirando el daño que nos hemos hecho y le hemos hecho a nuestro propio paisaje. A nuestro propio ambiente por nuestra inconciencia.

EL VENEZOLANO
COMO PARTE DE LA SOLUCIÓN

William Díaz
Periodista y líder comunitario
radicado en USA

William Díaz es periodista, productor radial, columnista, analista político y líder comunitario, reconocido en el *Libro de Récords del Congreso Federal de los Estados Unidos* por su permanente apoyo a las luchas de la comunidad hispana en el centro de Florida.

William es residente de Orlando, Florida, desde 1990 y ampliamente conocido en la Florida por sus luchas permanentes a favor del rescate de la democracia en Venezuela, y por su ayuda y defensa de los derechos de los inmigrantes venezolanos, labor que realiza, en buena parte, a través de la fundación **Casa de Venezuela-Orlando,** de la cual es fundador.

También es miembro fundador de la National Association of Hispanic Journalists, Central Florida Chapter, y ejerció el cargo de Coordinador General de la Fundación Gran Mariscal de Ayacucho en Europa, con sede en París, Francia, institución creada en 1975 bajo cuyo auspicio se graduaron miles de venezolanos en prestigiosas universidades extranjeras.

¿Crees que parte de la responsabilidad de la crisis en Venezuela recae en la conducta de la llamada «viveza criolla» del venezolano?

Creo que una parte más bien pequeña. Un ingrediente. Hay otros elementos, como las deficiencias en la educación en los últimos años y, sobre todo, a nivel de los valores. Hay una especie de derrumbe de valores. Parte de la misma situación política del país ha contribuido a eso.

Acuérdate que antes teníamos un Parlamento donde la gente iba bien vestida. Hoy, el que vaya peor vestido está en la buena nota. La viveza criolla ha influenciado, pero lo fundamental ha sido el tema político, el quiebre de valores y, sobre todo, la grave situación económica.

¿Estás de acuerdo con que los modelajes deben ser hacia arriba? Si represento un grupo, una comunidad, una gerencia, una organización, un país, debo representar un modelo al que mis empleados, mis subordinados, aspiran.

Claro, ser fuente de inspiración.

Hemos visto, entre 2014 y 2017, una conducta decidida de parte de los venezolanos que se oponen al gobierno. Una actitud heroica para rescatar la democracia, a pesar de las fuerzas represivas que el gobierno ha ejercido. ¿Cuál es tu opinión al respecto?

El aparato del gobierno al cual hay que enfrentarse es bestial. Pero afortunadamente hay vastas reservas democráticas en diversos sectores de la población. Muchachos que nacieron y crecieron bajo esta dictadura, y que no saben lo que fue la Venezuela del pasado, luchan por tener una Venezuela mejor.

No pretendo darle un cheque en blanco a los 40 de democracia, pero creo que, sin embargo, han sido los mejores 40 años en la historia de Venezuela. 40 años continuos. Porque el país empezó a llenarse de universidades y a desarrollar programas como las becas Gran Mariscal de Ayacucho, de la que fui parte, y que ayudó a mi formación. No solamente en el plano académico, sino también en el laboral.

Se empezaron a desarrollar proyectos en materia de salud, vialidad, represas. Pero aparecieron los llamados «Jinetes del Apocalipsis» y su discurso de la anti-política le hizo daño a la Venezuela de la democracia emergente. 40 años es nada comparado con los países europeos. Y no le dimos una buena oportunidad. Pensamos que era demasiado. Que 40 años era mucho. Que el modelo estaba agotado y lo que había eran unas personas con diferentes aspiraciones que fueron los primeros a los que les tocó llevar palo.

Las cabezas de varios grupos de medios de comunicación, que estuvieron aupando la anti-política dieron pie a que surgiera el difunto Hugo Chávez. Mi esposa siempre me recuerda que yo le decía que iba a aparecer una figura en el panorama político venezolano. No sabía si era un vendedor de seguros con su maletín, un ingeniero en un salón de clases o en una obra, un militar o un dirigente campesino o sindical. Solo sabía que iba a aparecer en una esquina a pegar cuatro gritos y el país lo iba a seguir. Se lo dije 4 o 5 años antes del señor Chávez y ella siempre lo recuerda.

Se venía gestando el discurso de la anti-política. De que lo nuestro no servía. De que los líderes estaban mal. Que había corrupción rampante. Ahora hemos tenido 18 años para ver que, en comparación, los anteriores eran niños de pecho que agarraban un sobrino y le daban el cargo de subdirector de un hospital materno infantil. O al esposo de la sobrina. Ahora le dan el cargo de ministro al esposo de la sobrina, le dan contratos y le entregan un dineral para obras que nunca se realizan.

En la etapa democrática de Venezuela la gente tuvo la oportunidad de formarse. Se educó en buenas universidades, a nivel nacional y en el extranjero, con programas como la Gran Mariscal de Ayacucho.

Sí. Y otras organizaciones, como Educrédito, daban créditos educativos financiados por empresas privadas.

¿Coincides en que esa juventud educada no tuvo interés en formar parte de la vida política, y eso contribuyó a que arribistas se apoderaran de Venezuela?

Coincido en parte. Muchas de estas personas no tuvieron activismo político, pero sí participaron en programas de asesoría en el Parlamento y en centros como el IFEDE (Instituto de Formación Educativa de la Democracia Cristiana), donde se hacía un trabajo político para Venezuela, y también para Centroamérica.

Fue un trabajo que permitió que se le aportaran gerentes a algunos políticos venezolanos y extranjeros que llegaron al poder. José Napoleón Duarte llegó a la presidencia de El Salvador saliendo de un exilio precisamente en Venezuela, y se le dio apoyo técnico y profesional.

El político venezolano tradicional nunca ha querido salir al exterior a formarse, una vez egresan de nuestras universidades. Lusinchi se graduó de médico y de abogado, pero nunca vivió en el exterior para formarse. Y los que lo hicieron, como Eduardo Fernández, tropezaron.

A la hora de formar equipos de gobierno, los presidentes recurrían al compadre, al amigo. El buró sindical decía «este es el que quiero de Ministro de Trabajo». El buró de profesionales decía «este es el que debe ser Ministro de Sanidad», en vez de buscar a quien se había formado en el Instituto Pasteur, en París.

Los políticos no iban al exterior porque pensaban que 2 años, 3 años era mucho tiempo. Que los iban a dejar por fuera y que no iban a llegar al parlamento, a la gobernación, a Ministro de Relaciones Interiores o a presidente. Entonces decían «Ni de vaina. No puedo aceptarlo».

No fuimos un país de emigrantes. Fuimos casa de muchísimos extranjeros. Las comunidades italiana, española, portuguesa se daban mucho apoyo entre sí. Recién graduado, trabajé en una constructora cuyos dueños eran italianos y la mayoría de las veces los puestos claves se los daban a sus coterráneos, aunque a veces no traían la preparación, pero igual le daban el apoyo, le prestaban dinero para empezar, les daban apartamento, empleo y los formaban. En esta oleada de venezolanos que emigran para establecerse en los Estados Unidos ¿notas esa actitud entre ellos, esa solidaridad o es una rebatiña?

Los países europeos tienen tradición de emigrar. Desde Magallanes o Américo Vespucio. Después, han sido países cuyas emigraciones se han producido por guerra o por crisis económicas. En el caso de Venezuela, que ha sido un país bendecido, ha tenido la dicha de que ahí converjan las dos culturas, europea y norteamericana. Venezuela no tenía ninguna experiencia. Pero ahora, en los

Estados Unidos, en la noche nos toca dejar en la casa el título de abogado, ingeniero, periodista o médico, para ser taxista de Uber.

O la muchacha psicólogo, odontólogo, limpiando casas. Es el caso de una extraordinaria joven de Barquisimeto, que es abogada y fue Miss en el estado Lara, y aquí está limpiando casas.

Cuando llegué a Orlando, de Delaware, hablaba tres idiomas, con título universitario y postgrado, y tuve un trabajo de ir a buscar turistas al aeropuerto con una camioneta Van. Y en ningún caso lo interpreté como algo que derrumbaba mi esquema o la estructura de mi personalidad.

Había sido agregado de Asuntos Educativos en la Embajada de Venezuela en Francia, y en Estados Unidos trabajaba con un cartelito en el aeropuerto. La visión que le di fue que estaba trabajando con una compañía francesa que me permitía refrescar el idioma y me estaban pagando en vez de pagar yo. Y asumí mi trabajo de maravilla.

Hay que tratar de sembrar un sentimiento de solidaridad, porque estamos en esos momentos en los que no sabemos qué va a pasar. Puede ser que mañana haya un bello amanecer y veremos un contingente de venezolanos volviendo al país, o puede ser que se venga una verdadera estampida y empiece a salir desesperadamente más gente.

Hay que tener solidaridad y creo que debe haber apoyo mutuo. Y, al superar esta etapa, debemos verla como una sacudida para que el venezolano vea que tenemos que apoyarnos más. Encuentras personas que dicen «Yo no hago negocios con venezolanos». Habría que preguntarles por qué no hace negocios con venezolanos. ¿Porque tuviste una mala experiencia con uno o con dos venezolanos? ¿Pero no cuentas que has tenido malas experiencias con 10 americanos en 10 bancos distintos, pero como están con traje y corbata, y hablan inglés, de esos no te acuerdas?

O de la señora que te dijo que iba a ir a tu casa a limpiar la semana que viene, pero no fue y la semana siguiente tampoco, y dices «Es una irresponsable». Después te enteras de que la señora estaba en el hospital y no te pudieron avisar, pero la prejuzgaste.

Hay más de uno que es travieso, pero la mayoría es gente buena. Tengo mucha fe y mucha confianza en nuestra gente. Y mira que llegué aquí hace 28 años, y si hay alguien ha visto llegar y pasar venezolanos por aquí, se llama William Díaz.

RECOMENDACIONES

AL EMIGRANTE

Quien escoge emigrar, por lo general ha sentido la hostilidad permanente del sistema. En este caso, del gobierno. O ha perdido su fe en el futuro en su propia tierra y toma la decisión de abandonar su país en busca de una mejor vida.

En otras ocasiones se emigra simplemente para ampliar horizontes de vida, pero este no es el caso de la emigración venezolana. El venezolano emigra en medio de la Venezuela destruida.

Una gran ayuda para el emigrante es la revolución tecnológica. Las facilidades de las comunicaciones a través de internet, del Social Media, la disposición de transportes aéreos con miles de vuelos diarios que movilizan millones de pasajeros. Toda esta facilidad de información, al alcance de un clic, y de movilidad, no importa la distancia, ha transformado nuestro planeta en una verdadera «Aldea Global» en la que las costumbres y las culturas se entremezclan. Donde dejamos de ser extraños independientemente de la nación a la que pertenezcamos y del país donde nos encontremos.

Las ideas, las aspiraciones, los movimientos sociales y políticos, y el conocimiento se distribuyen y homogenizan. Una verdadera revolución de la información y de la movilidad, junto a una revolución financiera, pues solo por concepto de remesas se envían más de 400.000 millones de dólares a los países de origen de inmigrantes en todo el mundo. Más que todo el dinero equivalente en inversiones extranjeras en los países pobres.

Una prueba de cómo ha crecido la población de migrantes es que, en los últimos 20 años, solo en los Estados Unidos el número de inmigrantes creció en un 80 por ciento. En 2011 había unos 50 millones de hispanos. Es decir, uno de cada seis habitantes de este país era hispano. Emigrar podríamos interpretarlo como un ejercicio de rutina y hasta un privilegio que se aspira para alcanzar mejores condiciones de vida.

Existen muchas razones válidas para emigrar a los Estados. Además de las señaladas anteriormente, la cultura norteamericana ha influenciado el mundo entero a través de su literatura, el cine, la tecnología, los productos y las empresas. Especialmente el mundo latino, además de contar con una ubicación geográfica cercana a Venezuela. Estados Unidos es un país extenso, con cincuenta Estados, donde es posible escoger el tipo de clima, la cultura y el tipo de economía.

En el caso de Venezuela, la emigración es forzada: «No quiero emigrar, pero debo hacerlo». El 88% de los jóvenes universitarios en Venezuela desean migrar y lo expresan con frases como «Me quiero ir» o «Si puedo irme, me voy», según un estudio de migración llevado a cabo por la Universidad Simón Bolívar (USB), en 2016. Esta intención es común en el resto de la población venezolana.

Emigrar no tiene que ser un proceso difícil y doloroso. Sin embargo, para la mayoría es atemorizante y puede llegar a ser frustrante, angustiante, cargado de desgaste emocional e incluso de sufrimiento e impotencia. Depende de ti –y de tus recursos externos e internos– si lo asumes como un reto a conquistar con optimismo y alegría, o como una fuente de dolor.

Emigrar es un reto. No es una decisión fácil, pero tampoco debería ser algo temerario. **Es un proyecto de vida que requiere un plan racional,** una actitud mental y una disposición anímica adecuada, acompañada de un convencimiento interior superior al temor. Esos son los requisitos imprescindibles para lograr, con éxito, vivir en otro país.

Es un proceso durante el cual hay que superar el desapego de las raíces para sembrarse en un sitio desconocido. Decir adiós o hasta luego a nuestros lugares comunes. A familiares y amigos. Y adaptarse a una cultura con reglas y costumbres distintas a las nuestras. A un nuevo idioma. Construir nuevas relaciones sociales. Desprenderse del ego. Buscar respuestas a nuevas preguntas. A la manera de producir dinero para poder vivir. Superar imprevistos. Todo es posible y deseable si es asumido anímicamente. Con las decisiones y las acciones correspondientes.

En **Vuelta a la patria**, el poeta venezolano Juan Antonio Pérez Bonalde describió el dolor de vivir en tierra ajena:

> *Yo fuerte me juzgaba,*
> *mas, cuando fuera me encontré y aislado,*
> *el vértigo sentí de pajarillo*
> *que en la jaula criado,*
> *se ve de pronto en la extensión perdido*
> *de las etéreas salas,*
> *sin saber dónde encontrará otro nido*
> *ni a dónde, torpes, dirigir sus alas.*
> *Desató el sollozar el nudo estrecho*
> *que ahogaba el corazón en su quebranto,*
> *y se deshizo en llanto*
> *la tempestad que me agitaba el pecho.*
> *Después, la nave me llevó a los mares,*
> *y llegamos al fin, un triste día*
> *a una tierra muy lejos de la mía,*
> *donde en vez de perfumes y cantares,*
> *en vez de cielo azul y verdes palmas,*
> *hallé nieblas y ábregos, y un frío*

que helaba los espacios y las almas.

O como lo expresa Isabel Allende, «Aprendí pronto que al emigrar se pierden las muletas que han servido de sostén hasta entonces. Hay que comenzar desde cero, porque el pasado se borra de un plumazo y a nadie le importa de dónde uno viene o qué ha hecho antes».

El emigrante que escoge USA, entre otras cosas va a conseguir lo siguiente:

1. Abundancia y variedad para satisfacer cualquier necesidad material.
2. Tranquilidad y seguridad personal.
3. Orden y reglas claras.
3. Libertad personal donde no importa mucho el qué dirán, siempre y cuando respetes las reglas de convivencia ciudadana.

Todo eso lo perdimos en nuestro país de origen y por eso lo apreciamos tanto aquí.

Sin embargo, vivir en USA es caro e implica que, para poder vivir con cierta comodidad y tranquilidad, se necesita traer mucho dinero, trabajar muy fuerte, vivir una vida con privaciones o una combinación de todo lo anterior.

La salud es costosa y, en cuanto a vivienda, dependiendo de lo que se quiera, **los alquileres son altos**. Y si se pretende comprar, los bancos son exigentes porque los préstamos, sobre todo a extranjeros, los han hecho más rígidos después de la crisis inmobiliaria de 2008. Además, **llegar y comprar casa no es buena estrategia**.

Luego está la barrera del idioma. Aunque es verdad que se encuentran muchos pares que hablan español, y muchas empresas y servicios que ofrecen el español como opción para comunicarse con ellos, es necesario el inglés si no se quiere tener una vida limitada.

Por muchos esfuerzos que se haga, expresarse con la fluidez con la que se hace en español es tarea dura. Es posible pasar por situaciones embarazosas debido a que, en el trajín diario, la gente no tiene la paciencia para detenerse a entendernos.

Hay que asumir todos estos inconvenientes con paciencia, sentido del humor y gentileza hacia uno mismo. Y asumir la tarea de estudiar el idioma. Afortunadamente, este país ofrece opciones y recursos para aprenderlo y comunicarse bien.

Entender y hacerse entender para las cosas básicas, como en la peluquería, el correo, el restaurante, el banco, al principio se transforma en una barrera. Luego de los primeros años estudiando y practicando este segundo idioma, se tendrá la facilidad de leerlo, hablarlo con cierta soltura y entenderlo más aún. Algunos se refugian en los sitios que hablan español o viven con la muleta de pedir ayuda cuando necesitan comunicarse en inglés. No es la actitud correcta.

Luego se tiene el asunto de los renunciamientos: familia, amigos y lugares queridos. En los Estados Unidos, la gente vive con su propia agenda diaria, por lo que el tiempo para compartir no abunda mucho. Sin embargo, las posibilidades de conectarse nuevamente con lo social son grandes.

¿Qué hacer? Cada quien tiene su propia respuesta y sus propias estrategias. Además, hay recomendaciones generales y particulares que pueden servir de guía al interesado.

Lo primero a tener claro: **la emigración es un asunto racional que implica, ante todo, comenzar una nueva vida.** Y para lograrlo es necesario conversar con todos los involucrados y de manera amplia, profunda y significativa, todos los aspectos relacionados antes de la toma de decisiones. Durante este proceso, hay que evitar las discusiones emocionales y los enfrentamientos, pues no solo desgastan, sino que no llevan a ningún lado. Inmediatamente, es imprescindible acordar un «Plan de Acción Migratoria» que debe cubrir la mayor cantidad y variedad de los aspectos a considerar.

A continuación, un *Check List* o Lista de Chequeo de lo que ha sido denominado el «Plan de Acción Migratoria».

«Plan de Acción Migratoria»

Ítems	Opciones	Fecha	√
ANTES DE SALIR			
1. La decisión			
• Cerrar puertas en el país de origen. No abrir otras		/ /	√
• No cambiar de empleo		/ /	√
• No tener un nuevo hijo		/ /	√
• No comprar una nueva casa		/ /	√
2. El Plan de Acción			
• Hacer un plan de acción que sea posible alcanzar		/ /	√
• Escribir las decisiones y ponerles fechas		/ /	√
• Reservar recursos		/ /	√
• Resolver el estatus legal de inmigración		/ /	√
• ¿Dónde vivir?		/ /	√
• ¿Con quién vivir?		/ /	√

«Plan de Acción Migratoria»

Ítems	Opciones	Fecha	√
• ¿Compartir vivienda o no?		/ /	√
• Establecer reglas claras de convivencia si se va a vivir en grupo		/ /	√
• Generar ingresos en Venezuela y/o en USA		/ /	√
• Resolver previamente las necesidades de salud más urgentes		/ /	√
• Aprender del idioma		/ /	√
• Planificar todo en pareja y con el resto de la familia que emigra		/ /	√
• Todos los involucrados deben ajustarse al Plan		/ /	√
• Conversar mucho sobre cada aspecto del Plan		/ /	√
• Dedicarle tiempo a la ejecución del Plan		/ /	√
3. Mejor viajar liviano			
• Dejar todo lo que no es imprescindible		/ /	√
• Vender los activos que se poseen en el país de origen		/ /	√
• Desapegarse de lo material		/ /	√
• Rematar o regalar las pertenencias de poco valor material		/ /	√
4. Los impedimentos ¡Resolverlos con tiempo, eficacia y amabilidad!			
• Garantizar el cuidado de los padres ancianos con familiares cercanos		/ /	√
• Decidir sobre los niños que no han terminado el Colegio		/ /	√
• Decidir sobre los jóvenes que no han terminado la Universidad		/ /	√
• Decidir emigrar por etapas		/ /	√
5. Investigar antes			
• ¿Es el país en el cual conviene establecerse?		/ /	√
• ¿Se habla español?		/ /	√
• ¿El costo de la vida es alto o bajo?		/ /	√
• ¿Hay oportunidades de empleo?		/ /	√
• ¿Es el colegio que se quiere para los niños?		/ /	√
• ¿Es la ciudad adecuada?		/ /	√
• ¿En qué sector es más adecuado vivir?		/ /	√
• ¿Hay amigos en esa ciudad?		/ /	√
• ¿Hay compatriotas en esa ciudad?		/ /	√

«Plan de Acción Migratoria»

Ítems	Opciones	Fecha	√
6. Asesoría legal ¡Cuidado con las estafas!			
• Contactar abogados recomendados		/ /	√
• ¿Qué tipo de visa conviene aplicar?		/ /	√
• Conseguir los requisitos previos a la llegada definitiva		/ /	√
• Contactar paralegales certificados e independientes bajo supervisión de un abogado		/ /	√
• Contactar personas con experiencia en tramitación de inmigración		/ /	√
• Encargarse personalmente si conoce o estudia el asunto		/ /	√
• Evitar estafas y mala praxis en los trámites migratorios		/ /	√
7. Resguardar los documentos			
• Tener en regla todos los documentos personales y legales		/ /	√
• Escanearlos y conservar los originales.		/ /	√
• Apostillar documentos de propiedades que no sean vendidas. Hacerlo según el «Convenio de la Haya» para tener mayor seguridad de recuperarla en caso de confiscaciones o invasiones		/ /	√
• Contactar un abogado en el país de origen		/ /	√
8. Imprescindible si hay hijos pequeños			
• Constancias de vacunas actualizadas		/ /	√
• Examen físico emitido por un pediatra		/ /	√
• Constancias de estudio		/ /	√
9. Cuenta bancaria en el país de origen			
• Dejar abierta una cuenta bancaria con la tarjeta de crédito al día (Permite cubrir gastos que pudieran presentarse a lo largo del tiempo)		/ /	√
10. Fijar la fecha de emigración			
• Escoger la fecha de emigrar con anticipación		/ /	√
• Informarse sobre cuándo comienzan los colegios de los niños o si el clima puede afectar		/ /	√
• Terminar los asuntos pendientes en el país de origen		/ /	√
11. La salud ¡Siempre primero!			
• Consultar por internet cómo estar cubierto por un plan de salud		/ /	√
• Comprar un seguro de viajero de salud que cubra por lo menos los primeros meses		/ /	√

«Plan de Acción Migratoria»

Ítems	Opciones	Fecha	√
• Asesorarse con un agente de seguro de salud		/ /	√
12. Poder legal amplio			
• Dejar un poder legal amplio a una persona de total confianza en el país de origen para cubrir necesidades de representación legal		/ /	√
13. Ajustes necesarios en el Plan de Acción			
• Ejecutar el plan con paciencia y determinación		/ /	√
• Hacer ajustes los ajustes necesarios en el Plan		/ /	√
• Resaltar lo más importante del Plan		/ /	√
• No dejarse atrapar por la cotidianidad en Estados Unidos, sin lograr las metas previstas		/ /	√
AL LLEGAR			
14. ¡Cuida tus ahorros!			
• Ser precavido y escrupuloso en la administración del dinero		/ /	√
• No gastar dinero en nada imprescindible (Puede hacer mucha falta posteriormente)		/ /	√
• No gastar el dinero en carros o viviendas por encima de sus posibilidades		/ /	√
• No caer en la tentación consumista y materialista de la sociedad americana		/ /	√
15. Con respecto a los negocios ¡Precaución!			
• No invertir en negocios apenas se llegue		/ /	√
• No caer en la tentación de invitaciones a hacer negocios de gente con ideas maravillosas, pero sin dinero		/ /	√
• Tomar el tiempo necesario para estudiar y conocer antes de invertir (Meterse en un nuevo negocio es fácil, lo difícil es salir)		/ /	√
• No tener exceso de prudencia, pues el miedo puede paralizar		/ /	√
• Activar la intuición y el conocimiento para reconocer las oportunidades y el momento adecuado para comenzar un negocio		/ /	√
16. Integrarse es fundamental			
• Integrarse a la nueva sociedad		/ /	√
• No desesperarse en buscar nuevos amigos que conlleven a decepciones y engaños		/ /	√
• Rodearse de gente que valga la pena		/ /	√

«Plan de Acción Migratoria»

Ítems	Opciones	Fecha	√
• Asistir a las iglesias y las organizaciones comunitarias, pues son una excelente manera para integrarse y no sentirse solo		/ /	√
• Procurar insertarse entre los amigos de los amigos con intereses comunes. Son relaciones valiosas		/ /	√
• Contactar venezolanos regados por el mundo		/ /	√
• No dejar de lado a los nativos		/ /	√
17. Hacer deportes y ocupar la mente			
• Practicar deportes, retomar las aficiones y, de ser posible, desarrollar nuevas aficiones es muy recomendable		/ /	√
• Asistir a parques naturales, campos de golf, ríos, lagos, caminos y bosques para la práctica de ciclismo, caminatas, kayak		/ /	√
• Asistir a clubes		/ /	√
• Hacer amistad con personas con aficiones similares		/ /	√
• Hacer negocios con personas con intereses similares		/ /	√
18. Aprovechar la «Agenda Cultural»			
• Enterarse y asistir a la agenda cultural y musical que ofrece la ciudad. Es placentero y necesario para apreciar y querer los nuevos espacios		/ /	√
19. Los prejuicios ¡Sacarlos de la maleta!			
• Abandonar los estereotipos y no juzgar ni tener conceptos preconcebidos en relación a la raza o la nacionalidad		/ /	√
• Comprender que hay gente buena y gente mala, independientemente de la raza, color de la piel y la nacionalidad		/ /	√
• Dar valor a la diversidad		/ /	√
20. El desapego ¡Un ejercicio de resiliencia!			
• Desapegarse del país de origen, pero seguir amando la Patria		/ /	√
• Mantener contacto con la patria sin tristeza ni rabia		/ /	√
• Dedicar la energía a adaptarse de la mejor manera al nuevo ambiente		/ /	√
• Aprovechar esa energía para alcanzar nuevos logros		/ /	√
21. El ego ¡Tampoco cabe en la maleta!			

«Plan de Acción Migratoria»

Ítems	Opciones	Fecha	√
• Olvidarse de los laureles pasados. Son anclas del ego		/ /	√
• Llegar al nuevo país con actitud positiva		/ /	√
• Dar lo mejor y vivir la nueva experiencia con alegría		/ /	√
• Ser solidario, humano, humilde		/ /	√
• No juzgar, no comparar y –lo principal– no hablar mal ni de la Patria ni del nuevo país		/ /	√
22. Conocer, aprender y seguir las leyes			
• Aprender y respetar las reglas y las leyes de la nueva sociedad		/ /	√
• Tomar conciencia de que USA es un país donde se confía en la gente, pero cuando se quebranta esa confianza es una sociedad que castiga fuerte		/ /	√
23. El nuevo idioma ¡Esa segunda oportunidad!			
• Disfrutar el aprendizaje del nuevo idioma		/ /	√
• Asumirlo como algo estimulante y retador		/ /	√
• Aprovechar internet y los recursos que te ofrece USA para aprender el inglés son ilimitados y muchos de ellos sin costo alguno		/ /	√
24. Cultivar la espiritualidad ¡Es el motor de la vida!			
• Apoyarse en la fortaleza de la espiritualidad		/ /	√
• Contar con la familia, nuestro castillo fundamental		/ /	√
• Apoyarse en las creencias espirituales y emocionales, pues darán el combustible para sostenerse con fe y animado ante los retos		/ /	√
25. Actitud ¡Es el momento de ser la mejor versión de sí mismo!			
• Tener la actitud correcta y sostenida es un ejercicio de paciencia y una responsabilidad personal		/ /	√
• No esperar que otros solucionen los problemas. Cada quien está cuidando de los suyos y tiene sus propias batallas		/ /	√

Emigrar es una experiencia interesante. Si lo logras, serás otra persona con mentalidad ensanchada y perspectivas más amplias.

EMIGRAR
LEGALMENTE

Gerardo Morán
Abogado de inmigración

Gerardo Morán (*gmoran@bellsouth.net*), abogado venezolano desde final de los años 60, ciudadano y abogado estadounidense desde principio del siglo XXI, maneja un bufete jurídico en Orlando, Florida, dedicado al tema migratorio. Por su oficina pasan decenas de venezolanos, y de otras nacionalidades, para tramitar la diversidad de visas que ofrece el sistema legal migratorio en los Estados Unidos según el estatus legal que desea tener el aspirante. Gerardo Morán atiende, igualmente, las peticiones de asilo político.

¿Cuál es tu experiencia como abogado de inmigración?

La inmigración ya no es un asunto local. Es un fenómeno global. En cualquier lugar del mundo, la gente tiende a traspasar la frontera con múltiples propósitos, sobre todo para mejorar su vida. De donde están saliendo no tienen las mejores condiciones para la familia, la educación, la seguridad, el trabajo. En la medida de sus posibilidades, los seres humanos tienden a buscar nuevos horizontes.

La migración es un asunto de carácter legal debido a las diferentes reglas de cada país, con el fin de que una persona pueda salir de su país y entrar en otro. Aunque podemos verlo como un asunto más político que legal, por la conveniencia o la inconveniencia para el país receptor. También se maneja a partir de los intereses económicos, financieros y comerciales. ¿Le conviene o no a Estados Unidos que la persona que viene, sola o en familia, se radique en su territorio?

De manera que quien programe radicarse en Estados Unidos tiene que hacerlo de manera ordenada, a fin de que tenga los menores tropiezos de los muchos con los que se va a encontrar para adaptarse. Porque salir de su tierra, donde tiene amigos, vecinos y familiares, para venirse a Estados Unidos –con una lengua distinta, con una cultura distinta y con esquemas organizativos bien definidos– es casi siempre un shock que afecta a toda la familia. Es un proceso difícil que debe ser manejado con ánimo para poder asumir cada uno de los retos que le va imponiendo el hecho de radicarse en este país.

La Ley de Inmigración es, en parte, disfuncional. En consecuencia, genera sorpresas al inmigrante que no está preparado para confrontar las circunstancias.

Algunos inmigrantes se vienen con visa de turista e intentan quedarse a ver «qué van hacer». Es la peor decisión. La visa de turista le da seis meses de permiso para permanecer en los Estados Unidos. A veces menos, dependiendo del oficial del puerto de entrada. Después de esos meses, quedan en el limbo acumulando días fuera de estatus. Y si logran extender su estadía, lo cual no les será fácil debido a que el Servicio de Inmigración exige, aparte del pago del impuesto de la aplicación, soportes financieros para poder sostenerse.

Sabemos que la realidad es muy distinta en relación al grueso de las personas que solicitan este beneficio. Y esto los afecta porque, en los Estados Unidos, una persona que exceda su estadía por menos de un año, cuando salga va a tener un castigo de tres años sin poder entrar. Si se excede por más de un año, el castigo es de 10 años de prohibición de entrada. Pero ahí no queda esa prohibición, aún transcurridos los 10 años, el inmigrante-solicitante debe sustanciar un perdón o exoneración (*Waiver*) a satisfacción del Servicio de Inmigración y Aduanas.

Un perdón aprobado, sin embargo, no le garantiza que va a obtener su ingreso a los Estados Unidos, pues al llegar a la embajada a solicitar su visa con su indulgencia, es muy probable que el oficial disponga que no es tiempo de autorizar su entrada. Incluso, el oficial de Inmigración en el puerto de entrada puede negarle la entrada sin ofrecer ninguna explicación.

Más aún, la visa de turista no le garantiza a ninguna persona una entrada libre, incluso sin haber tenido ningún exceso de estadía o violación de su tiempo o estatus. Además, quien está en Estados Unidos con visa de turista tiene la limitación de no poder trabajar. No puede ejercer ningún oficio o actividad porque no está autorizado. Una dificultad adicional, aparte del exceso de estadía, que también lo puede descalificar.

Algunas personas optan por procedimientos alternos, como una visa de trabajo o un asilo político. Quienes buscan asilo político tienen que probar la persecución para que sean protegidos. Van a estar protegidos al principio, pero después los pueden deportar.

Algunos se quedan a ver «**qué va a pasar**», pensando que en algún momento puede haber una **amnistía**. Pero se trata de **una palabra muy fea para el sistema de inmigración de los Estados Unidos**. Otros buscan medios no tan ortodoxos, como casarse fraudulentamente con un ciudadano o ciudadana americana para obtener la residencia. Esta opción no es en nada recomendable, sobre todo porque si se llegase a descubrir esa situación, quedarían ilegibles para toda la vida por fraude de inmigración.

Hay muchas visas por las que se puede optar, pero quien quiera involucrarse en proyectos de inmigración con visas de esa naturaleza, debe tener recursos financieros o una profesión bien definida, además de conseguir un empleador en los Estados Unidos.

Hay personas con familiares que son residentes legales o ciudadanos americanos. Y en ambos casos se puede aplicar para pedir a su esposa y a sus hijos menores de 21 años solteros. Los ciudadanos americanos también pueden aplicar para pedir a sus padres, y en ese caso son peticiones instantáneas.

Cuando son hijos mayores de 21 años –solteros o casados– la espera es más larga. Puede durar entre siete y diez años. Para los hermanos de los ciudadanos americanos la espera es más larga aún, de alrededor de 19 años.

Hay una cantidad de visas de inversionistas. Pero es necesario que haya una empresa formada y que exista una actividad de la empresa hacia la creación de riquezas, de pago de impuestos y generación de puestos de trabajo.

En este momento estamos confrontando una situación un poco más complicada. Producto de la nueva política de la administración Trump, se ha creado una nueva serie de reglas administrativas. Pero han sido eliminadas por la Corte Federal por ser inconstitucionales y discriminatorias, con el ánimo de explicarle al mundo que en Estados Unidos no se hace lo que el presidente quiere, sino lo que las leyes establecen.

Para poder entrar en este país, aparte de las ganas de salir de donde está, el inmigrante debe tener en cuenta que hay dificultades. Si es posible, debe crear un fondo mínimo en dólares.

La inmigración, vista así, es un asunto complicado desde el punto de vista político y legal. Desde el punto de vista humano es un drama. Una odisea que confrontan permanentemente los inmigrantes sin estatus válido definido. Incluso quienes lo tienen están sometidos a los controles que señala el sistema.

Algunos medios de comunicación han creado matrices de opinión a fin de justificar la represión contra los inmigrantes. Se ha repetido, hasta la saciedad, que cada inmigrante que está trabajando le está quitando el puesto de trabajo a un residente o a un ciudadano, y nada está más lejos de la realidad. Lo que sí es cierto es que los inmigrantes indocumentados están ejecutando labores que los residentes o los ciudadanos no están interesados en hacer.

Las empresas de alta tecnología cada día solicitan, al Congreso, el aumento de las visas para profesionales especializados en ciencias, habida cuenta que las universidades no producen suficientes especialistas en el área y necesitan de esos profesionales para seguir creciendo y seguir creando tecnología de punta, lo que mantiene a Estados Unidos como su máximo generador.

La residencia es un privilegio que se puede remover, pero es mucho más fácil remover a un inmigrante con una visa de trabajo que remover la residencia a un inmigrante. Porque se supone que ya ha pasado por todos los filtros, por todos los procesos y todas las etapas, para que pueda llegar a feliz término con una residencia. Y se sabe que ese residente en cinco años va a aplicar para volverse ciudadano y después que se haga ciudadano es parte de la sociedad, aunque no lo quieran.

¿Cuáles son las visas que normalmente solicitan los venezolanos?

En la embajada americana, en Caracas, están buscando siempre la **Visa de Turista, la B1 o la B2.** Ellos saben que quien viene con esa visa podría estar pensando en quedarse, entonces la tienen bien definida.

Otra que es muy popular es la **Visa de Inversionista, la E1 o la E2.** Son visas que se otorgan a ciudadanos con pasaporte de la Comunidad Económica Europea, de Alemania, Italia, España, Colombia, Ecuador, Perú, Bolivia y Argentina. Ellos pueden venir con una inversión pequeña, pueden instalarse hasta por cinco años y cinco años más, porque es eterna esa visa para hacer sus negocios. El problema de esta visa es que no tiene salida para la residencia y por eso a los americanos les gusta mucho.

¿Los venezolanos tienen derecho a la visa E1 y E2?

No. Venezuela no tiene ese tratado con Estados Unidos.

Otra que les gusta a los americanos es la **Visa L1,** porque el inmigrante tiene que hacer una inversión con una empresa en Estados Unidos, pero necesita una corporación en el país de origen que esté envuelta en el intercambio y/o en la venta de servicios. Y porque tienen que hacer una compañía aquí. La experiencia dice que, mínimo, son 250 mil dólares, y tiene que abrir una corporación con su licencia, por lo menos con cinco empleados y envolverse en la misma actividad. Tiene que mantenerse activa la empresa del país de origen. En Estados Unidos tiene que estar permanentemente activa y produciendo.

La compañía con sede en Estados Unidos debe ser subsidiaria de la compañía venezolana, y el peticionario debe ser un ejecutivo de la empresa venezolana con ciertas condiciones de antigüedad en ella y con jerarquía de gerente.

Los venezolanos son los que más solicitan asilo político en los Estados Unidos, superando, incluso, a China. Según El Nuevo Herald, muchos de los venezolanos que han pedido asilo político, podrían ser deportados por haber estado mal asesorados.

El asilo político es un proceso de protección que prevé el 230 de la Ley de Inmigración (INA 230). Cualquier persona que se sienta perseguida en su país de origen por razones políticas, por preferencias sexuales, religiosas o por su origen social, puede solicitar al gobierno de los Estados Unidos que lo proteja y estudie la posibilidad de darle asilo político.

Una vez realizada la solicitud, el sistema de inmigración fijará una entrevista en el momento que sea posible para que esa persona vaya y presente su caso. Si supera el escrutinio del oficial examinador, que forma parte de un equipo de oficiales entrenados, decentes, educados; pero que, en definitiva, son policías investigadores. Si el oficial entiende que esa presunción de miedo o peligro inminente es creíble, le otorgan la protección del asilo político.

Si el oficial dice que no, lo envía a un juez de inmigración, con quien es un poco más complicado, porque va a tener un fiscal y va a tener un juez, y, por supuesto, el defensor, el representante legal. El juez oye otra vez la historia de esa persona, y el peticionario expone claramente de qué manera él o ella han recibido amenazas o han sido amenazados, y qué evidencias tienen de haber sufrido amenazas o ataques a su integridad física y la de su familia, y el juez puede decir si se le otorga el asilo político.

Si el asilo es negado, el juez ordena la deportación y el peticionario tiene 30 días para apelar la decisión ante Board of Immigration Appeal (BIA), donde un panel de oficiales adjudicadores analizará la opinión del juez y decidirán si concurren con el juez o modifican la decisión.

El BIA le da preferencia a lo que el juez resuelve. Salvo, claro está, que se denuncie un error de derecho. Entonces el BIA le ordenara al juez de Inmigración que vuelva a decidir el caso de acuerdo a las instrucciones del panel.

Lo ideal sería lograr el asilo en la entrevista con el oficial de asilo. Si va bien fundamentado, si la persona defiende bien su asilo, entiendo que tiene probabilidades a favor. Nosotros seguimos trabajando esa parte de inmigración, pero le explicamos muy claramente al aplicante que depende de lo que el sistema diga.

Aura Elisa Romero
Abogada venezolana
radicada en USA

Alejandra Rossi
Asesora para inmigrantes
Psicoterapeuta venezolana

ORIENTACIONES
PARA EL INMIGRANTE

La población norteamericana tiene una gran vocación de voluntariado de ayuda a la comunidad. Abundan iglesias, instituciones, fundaciones públicas y privadas sin fines de lucro. Más de 70 millones de americanos –uno de cada cinco– hacen tareas de voluntariado. El voluntariado forma parte importante de la cultura americana.

Esta población de voluntarios dedica millones de horas a recaudar dinero. A conseguir, preparar, distribuir y servir alimentos. Asesoramiento y enseñanza. Trabajos comunitarios de limpieza, cuidado de enfermos y de ancianos. Cuidado de mascotas y del medio ambiente.

La razón de esta alta participación en voluntariado es la socialización y el compromiso religioso de ayudar al prójimo. Pero también existen razones menos altruistas, como la reducción del pago de impuestos. Y aunque muchos piensan que esta última razón es la principal, las encuestas demuestran que se debe a una sociedad religiosa con el compromiso de ayudar al más necesitado.

Otra contribución es el voluntariado corporativo, en el que Estados Unidos es pionero. Se trata de empresas cuyos empleados destinan parte de su tiempo a trabajar conjuntamente por una causa social. Los departamentos de recursos humanos se han dado cuenta que mejora drásticamente la imagen de las empresas, motivan e incrementan la lealtad de sus empleados y allegados, y pagan menos impuestos.

La lista de empresas y sus programas de voluntariado es enorme. Gigantes como General Electric, Walt Disney, Siemens, AT&T y Home Depot, participan activamente con sus empleados, familiares de los empleados y sus jubilados en programas de ayuda al prójimo.

Mediante la actividad de voluntariado, los participantes encuentran satisfacción más allá de lo económico, incrementan lazos sociales con sus compañeros o excompañeros de trabajo, con las comunidades que ayudan y fortalecen el orgullo de identificación con la empresa. Todo esto fomenta valores de solidaridad, compañerismo, trabajo en equipo, aprendizaje de nuevas habilidades y buena imagen de la empresa.

El inmigrante que llega a Estados Unidos conseguirá organizaciones e instituciones en las cuales podrá conseguir orientación legal, asistencia de salud, comida, ropa, ayuda económica y enseñanza del inglés. Algunas de estas instituciones o asociaciones han sido fundadas por venezolanos inmigrantes ya establecidos, que ayudan a sus compatriotas incorporándolos a sus redes sociales para conectarse a otros compatriotas, conseguir beneficios y oportunidades de empleo.

La abogada venezolana, Aura Elisa Romero, tiene amplia experiencia propia, y ayudando a otros compatriotas, en áreas tan diversas y fundamentales como vivienda, colegios para los niños, comida, ropa, seguros de salud, búsqueda de trabajo y otros aspectos importantes para el recién llegado.

¿Puedes compartir algunas de tus experiencias sobre los aspectos básicos que debe cubrir el inmigrante recién llegado para su estadía en los Estados Unidos?

Se trata de información de vital importancia al momento de asentarse en Estados Unidos. Existen muchas oportunidades o ayudas para inmigrantes que no afectan el estatus migratorio. No ofenden al Estado Americano y, menos aún, a sus ciudadanos, que nos están recibiendo en su tierra sin muchas veces ser invitados.

Primero, al pisar suelo americano, es vital tener un primer recibo o factura a su nombre. Este recibo puede ser la adquisición de una línea telefónica. Eviten obtener una línea corporativa a través de un amigo, con la típica excusa de que tendrán llamadas a su país natal y será más económico, porque esta no es la manera para iniciar su nueva vida. De este primer recibo dependerán servicios básicos como agua, luz, gas, colegio para los niños y todo lo que usted vaya a contratar en este país.

La vivienda, que es la primera necesidad, ¿se alquila o se compra?

Alquilar es ideal porque no tendrán que pagar impuestos de la vivienda, llamados *Property Taxes*, que se pagan al final del año y son bastante altos. En cambio, si vive alquilado, sus pagos de alquiler son deducibles del impuesto, y es posible que, en vez de pagar impuestos, reciban retorno de impuestos, llamado *Tax Returns*, dependiendo del salario devengado y la carga familiar, entre otros.

Si está alquilado, los pagos de Condominio o de Asociación corresponden al propietario del inmueble, así como gastos mayores como la reparación del aire acondicionado.

Al comprar, la propiedad será suya en 20 o 30 años, pero ¿a qué valor? ¿Justificará su posible alza del precio por revalorización con su depreciación por años de construida? Y los gastos de agentes inmobiliarios o *Realtors*, más los gastos legales de cierre cuando tenga que vender, los cuales pueden totalizar hasta el 8% del valor de la vivienda.

Hay que tomar en cuenta que la movilización de las familias en USA es alta. En promedio, cada siete u ocho años la familia se muda por razones de trabajo, entre otras, lo que obliga a vender la vivienda a menos que se deje como inversión, alquilándola.

También tienen que pensar si la compra de la vivienda afectará su patrimonio en efectivo, el cual podría ser utilizado para generar ingresos y no para una inversión pasiva como la compra de inmuebles.

¿Dónde vivir?

Los criterios para elegir el lugar dónde vivir van de la mano con la educación que deseen brindarles a sus hijos, pues cada ciudad o vecindario tiene una zona escolar pública definida por sector, dirección y límites geográficos. Cada zona está calificada por el rendimiento escolar, por lo que se deben buscar zonas escolares A o A+, las mejores.

En todas las escuelas públicas contará con transporte escolar gratuito, siempre y cuando el colegio se encuentre mínimo a tres millas de distancia. En el colegio contará con cafeterías gratuitas para los ciudadanos americanos, según el proceso migratorio que esté ejecutando. Por ejemplo, asilo religioso, político o de cualquier índole, pero recomendamos hacer caso omiso de ese servicio gratuito.

Internet ofrece toda la información de las zonas escolares por estado y por ciudad. Con un clic tendrá la información que busca. Aquellos que deseen educación privada para sus hijos, podrán tener acceso a través de la iglesia de la religión que profese o la comunidad educativa a la que desee pertenecer.

¿Qué se debe hacer para inscribir a los hijos en el colegio?

La mayoría de las escuelas públicas exigen los mismos requisitos:
1. Contrato de alquiler con el que se evidencie su domicilio y el de los niños.
2. Cartón de vacunas actualizado del país natal, emitido por un pediatra.
3. Constancia de estudio. No es imprescindible que sea en inglés
4. Un examen físico y el pasaporte, o una identificación con foto del niño y los representantes.

En relación a la dirección podrán hacer el proceso de «**Verificación de Domicilio**», que se realiza en el Departamento de Escuelas Públicas del Distrito, generalmente ubicado en el centro de la ciudad. Este proceso consiste en tener dos correspondencias con la dirección de habitación, y una factura o servicio a su nombre donde figure la dirección. La factura de la compra de la línea telefónica será ideal. Ellos emiten una carta, con la dirección verificada, que se lleva al colegio y se podrá seguir el proceso.

En cuanto a la actualización del esquema de vacunas y examen médico, podrán hacerlo gratuitamente en el Departamento de Salud del Distrito. En caso de estar en temporada de inicio del año escolar, habrá ferias médicas y de útiles escolares por condado.

En caso de que no deseen hacer fila, o no dispongan de tiempo de espera mientras actualizan el cartón de vacunas y verifican que todo esté en orden, podrán ir a cualquier módulo de Asistencia Médica Privada, donde deberán pagar un aproximado de 60 dólares por vacuna faltante, sumado a los 60 dólares que cobran por el examen médico.

Es común, en el caso de personas que emigran de Venezuela, donde el esquema de vacunación solo contempla dos refuerzos de varicela, que deban hacer un refuerzo adicional, pues en Estados Unidos son precisamente tres refuerzos. La vacuna del Virus de Papiloma Humano en Estados Unidos figura en el esquema de vacunación desde los doce años de edad. En Venezuela, en cambio, aún no figura por falta de recursos. Por lo que una niña venezolana de 12 o 13 años invertiría por lo menos la cantidad de 120 dólares por concepto de vacunas. En caso de que tenga todas las vacunas del sistema venezolano, aunado al valor del examen físico, hay personas que por niño han llegado a pagar entre 700 y 800 dólares por este concepto.

¿Y sobre el seguro médico?

Cuando hablamos del tema de la salud –el más delicado y frecuentemente estresante para el inmigrante– ciertamente hay muchas leyendas urbanas, mitos y aseveraciones exageradas.

Al inmigrante que ha introducido un proceso migratorio, le tomará el tiempo preestablecido por la ley para obtener su identificación temporal o permanente en el país, y podrá contratar el seguro médico dentro de sus posibilidades.

¿Qué hacer mientras llega la documentación?

Existen clínicas de la comunidad donde usted podrá asistir y le cobrarán una consulta módica según sus ingresos. Le harán una cita financiera durante la cual consignará el estado de cuenta, la identificación y una breve entrevista para conocer su estado financiero. Posteriormente, le dan una cita en la especialidad y será atendido. Hay especialidades como pediatría, odontología, ginecología, médicos internistas, entre otras. Y en caso de necesitar una especialidad con la que no cuenten, lo remiten y podrán asistirles.

¿Es verdad que si voy a la emergencia de un hospital me puedo ir sin pagar?

Falso. En caso de ser necesario asistir a la emergencia de un hospital, tendrán que suministrar todos sus datos: dirección, nombre, si tiene o no seguro médico, si es turista o no, para poder enviarle a su domicilio la factura del tratamiento médico y los honorarios profesionales. Recibirán atención médica y luego recibirán la factura. En caso de que sea un monto que no pueda pagar en su totalidad, podrán negociar la deuda y pagar mensualmente. Antes de abandonar la clínica, es recomendable pagar una cantidad mínima de 20 o 30 dólares, de manera que demuestren su intención de pago.

Háblanos sobre la alimentación, los enseres y el trabajo

Las oportunidades o ayudas en este rubro son amplias y generosas.

Todos los inmigrantes o ciudadanos de los Estados Unidos de América, siempre tendrán comida a la mano de manera gratuita a través de las iglesias y fundaciones sin fines de lucro que tienen, dentro de su misión, ayudar al prójimo y aminorar el hambre. En cada ciudad y condado, podrán encontrar estas iglesias y fundaciones que solo le pedirán sus datos, domicilio y carga familiar, pues, en base a eso, reciben el donativo. Este servicio, llamado *Pantry Food*, muchas veces brinda provisiones para una semana, 15 días o un mes.

Una familia de dos adultos y dos niños que vaya por primera vez a determinado *Pantry Food*, se presenta en la iglesia católica, cristiana, luterana, adventista, sin necesidad de profesar esa religión. No les señalarán ni discriminarán. Les pedirán pasaporte de todos los integrantes de la familia. En algunos casos también pedirán el contrato de dónde viven. Y llenarán una planilla en la que dejan registro de en qué pueden ayudarles. La familia podrá pedir comida, muebles, enseres y cualquier cosa que necesite y, en la medida de sus posibilidades, ayudarán. Les harán entrega de la comida inmediatamente y les programarán la entrega de enseres en caso de que los hayan solicitado.

Hay iglesias y fundaciones a las que solo puedes asistir semanal, quincenal y mensualmente. El que visite una iglesia, no impide que vayas a otra cuando se te acabe la comida. Incluso, puedes hacer una programación mensual, de manera que siempre tengas comida.

Mi intención no es hacer propaganda o inducir a inclinaciones religiosas. Hago la salvedad, pues la idea es brindar ayuda a quien lo necesite. Cualquier persona podrá ubicar, por ejemplo, la iglesia **Caridades Católicas**, en Florida Central, a través de Google. Y ellos le brindarán ayuda legal, enseres, juguetes, comida. Le ofrecen el listado de iglesias de la ciudad con horarios de *Pantry Food*, ayudas para pago de servicios, renta, sitios de trabajo honesto. El trato es increíble y esperarán sentados en un hall con aire acondicionado y televisión mientras son atendidos.

También hay sitios donde podemos encontrar comida a muy bajo costo. Las iglesias proveen de alimentos, pero no siempre te darán todo lo que necesitas. Es por ello que debemos comprarlos. En Estados Unidos hay lugares a donde envían todos los productos de las grandes cadenas que están muy cerca de la fecha de su vencimiento o simplemente la presentación del producto se ha maltratado en el transporte y ya no puede ser exhibida: cajas de cereales, shampoo, acondicionador, leche, huevos, alimentos congelados.

Toda esa mercancía es enviada a grandes depósitos o galpones, llamados *Warehouse*, y las venden por centavos. Solo debes inscribirte y puedes hacer tus compras sin ningún problema, pues es como entrar a un supermercado con carritos de compra y todo lo usual.

¿Cómo no debemos conseguir comida?

A través del beneficio de *Food Stamp*. Una tarjeta que otorga el Estado con cierta cantidad de dinero para adquirir comida, en base a un estudio socioeconómico familiar. Estados Unidos está viviendo una reforma migratoria que debemos respetar y honrar. Hasta tanto no sea materia firme, todos aquellos con procesos migratorios pendientes o en curso deben tomar medidas preventivas.

El presidente Donald Trump ha propuesto que, para otorgar la buena pro de ser residente temporal, permanente, asilado, se debe tener en cuenta que el solicitante no debe haber hecho uso ni aprovechado derechos propios de los ciudadanos americanos. Antes era común. No era un crimen ni tenía consecuencias migratorias solicitar dicho beneficio. Actualmente, sin embargo, es necesario abstenerse de hacerlo y respetar los nuevos lineamientos en la materia.

¿Existen posibilidades de conseguir vestimenta o ropa?

La mayoría de los inmigrantes dejan todo en su país o solo traen lo que cabe en el equipaje. Es bien sabido que los primeros tiempos del inmigrante son duros y que, en caso de tenerlos, no puede gastar sus ahorros en vestimenta. O simplemente porque el sitio al cual emigraron tiene clima completamente opuesto

al de su país de origen. Sin embargo, podrán adquirir ropa a bajo costo en lugares que tienen como misión ayudar a la comunidad. Podrán encontrar todo tipo de cosas, algunas en excelente estado y otras no tanto. Tomarnos el tiempo necesario podrá hacer la diferencia al adquirir cosas a muy bajo costo. Desde artículos de cocina hasta una chaqueta de diseñador para el frío en tiendas como Goodwill o Thrift.

En la Social Media se consigue información relevante y muy útil. La psicoterapeuta venezolana, Alejandra Rossi, radicada en Orlando, Florida, tiene una oficina de trámites de inmigración para la obtención de asilo político y de visas.

En su cuenta en Instagram, *@alexafreedom* ofrece tips periódicos de gran utilidad para quienes buscan orientación:

- Cómo ejercer la profesión en los Estados Unidos.
- Qué son y cómo acceder a los Food Pantry (obtención de comida).
- Qué es el TPS (Temporary Protected Status).
- Cómo conseguir colegio y educación para los niños.
- Dónde comenzar el aprendizaje del inglés.
- Cómo obtener documentos de identidad.
- Cómo hacer uso y cuidado adecuado de los documentos de identidad: licencia de conducir, Seguro Social (SSN).
- Cómo apostillar un documento.
- Cómo protegerse, como trabajador, de los abusos patronales.
- Cómo evitar fraudes.
- Orientaciones acerca del seguro de salud.
- Precauciones al alquilar vivienda.
- Registro en el servicio militar para los jóvenes.
- Renovación anual del registro del vehículo.
- Comportamiento ante una entrevista de trabajo.
- Notificación ante las autoridades cuando se cambia de residencia.
- Cómo localizar en tu vecindario los «sexual ofender» (delincuentes sexuales).

Además de otras noticias y consejos útiles.

APOYO DE LAS OFICINAS GUBERNAMENTALES

Virginia Brown y **Luz Higuera**
Médico de Venezuela y Enfermera
de Colombia, residenciadas en USA

Virginia y Luz laboran en una oficina del Departamento de Salud, en un condado de Florida. Además, pertenecen y trabajan de manera muy activa en **Casa de Venezuela-Orlando,** asociación sin fines de lucro fundada y sostenida por venezolanos en Orlando, Florida, cuya misión es «Orientar a los venezolanos en áreas como inmigración, adaptación, laboral, educación y salud, y resaltar nuestra cultura y tradiciones».

Luz, en las diferentes áreas, ¿con qué tipo de ayuda puede contar el inmigrante cuando llega a este país?

El Departamento de Salud es, básicamente, el equivalente a la salud pública en nuestros países de origen. Ofrecemos algunos servicios, todos gratis, entre los cuales uno de los más importantes es el de las inmunizaciones o vacunas. Las inmunizaciones no son solamente para mantener a los niños protegidos de enfermedades que ya no existen acá, y que no queremos que existan, sino también porque son requisitos indispensables para empezar la escuela. Si un niño o un joven van desde un jardín de infante hasta a la universidad, necesitan vacunas.

¿Cuáles son los tipos de vacunas?

Los refuerzos de las últimas vacunas de los niños pequeños en Venezuela se administran a los cinco años. En Estados Unidos se hace a los cuatro. Y cuando los niños van a entrar al *Middle School* o Educación Media, en séptimo grado, necesitan todas las vacunas:

Enfermedad	Dosis
Polio	4 o 5*
Hepatitis B	3
Sarampión, Rubeola y Papera	2
Varicela	2

*De acuerdo a las edades en que fueron puestas

Las otras vacunas son importantes, pero no son requeridas para la escuela.

¿Qué otros organismos ayudan al inmigrante?

La mujer puede inscribirse en cuidado prenatal gratuito. Tenemos programas como «**Women Health**» y «**WIC**» (Women, Infants and Children), para mujeres en embarazo o que ya tienen bebés. El programa WIC les provee alimentos hasta por cinco años, así como todo lo relacionado con el control de natalidad.

También existen acuerdos gracias a los cuales, por una cantidad mínima, los partos son atendidos en clínicas u oficinas que el Departamento de Salud tiene esparcidas en el condado. Como el **Florida Department of Health in Orange County**. Esta oficina trabaja en sociedad y es auspiciada por empresas privadas.

Hay protección para el niño.

¡Protección y prevención!

Si un inmigrante adulto tiene un problema de salud ¿qué opción tiene?

Hay clínicas humanitarias en las que pueden afiliarse. No exigen documentos legales, pero sí piden prueba de ingreso y, a partir de ella, hacen sus pasos para las consultas médicas. Es lo más barato que hay. Gratis, lo único que hay son las clínicas *Shelter House* o casas de refugio.

¿Esas clínicas son auspiciadas por el condado o son privadas?

Son privadas.

Un recién llegado, en trámites de conseguir su documentación en inmigración ¿puede ser atendido en esas clínicas?

En esas clínicas sí.

¿El Florida Hospital tiene programas de protección para personas que llegan por emergencia?

Ningún hospital puede negar la atención de salud a una persona. Ningún hospital. Si la persona llega con una emergencia, un ataque cardíaco, un accidente, ellos le dan toda la atención necesaria. Y, a partir de un estudio de la trabajadora social, le hacen la factura porque luego tiene que pagar.

¿Y en cuanto a medicinas?

Si van a clínicas comunitarias, como *True Health*, pueden conseguirla. Hay otras clínicas que tienen medicinas de acuerdo a la escala de clasificación económica que le hayan hecho. Tienen que pagar. Muchas de esas clínicas tienen su farmacia y las medicinas son por cuenta propia. Las tienen que comprar.

¿Los niños deben tener estatus legal cuando llegan para ser recibidos en una escuela?

Igual que para las vacunas, los niños no tienen que tener ningún estatus legal. Las escuelas no preguntan el estatus legal. Las personas tienen que presentar la documentación mínima: certificado de nacimiento y de las notas para que aseguren en qué grado han estado los niños.

Hay escuelas, casi el 100%, que tienen el programa «ESOL», *English for Speakers of Other Languages* o Inglés para Hablantes de Otras Lenguas.

A los niños los inscriben en ese tipo de programas y, a medida que aprenden inglés, van aprendiendo matemáticas, ciencias y lenguaje. Las materias de la escuela. Estos programas pueden durar un año, seis meses. Y, de acuerdo al aprendizaje del inglés, mantienen al niño en el programa o lo inscriben en escuelas regulares.

¿Esa entrada de los niños a la educación es solamente a nivel de Primaria o Elementary School?

No. También en *Middle School*. Para *High School*, para lo que es College[9], tienen que pagar y, dependiendo del tipo de College, van a pedir cierta documentación.

¿Las iglesias luteranas, católicas o de las diferentes confesiones, tienen programa de enseñanzas del inglés?

Además de iglesias, también hay escuelas y bibliotecas públicas que ofrecen cursos de inglés de diferentes niveles. Es un gran servicio, pero casi nadie sabe que puede usarlo porque piensan que deben tener documentos.

---

9 *Colleges* son los colegios universitarios. Se trata de centros que solamente imparten programas de dos años de duración.

He sido beneficiario, junto a mi esposa, de esos programas de cursos de inglés. He asistido a iglesias luteranas y católicas que dan cursos gratuitos de inglés en niveles básicos y avanzados.

Todos los servicios que ofrecemos son gratis. Soy psicoterapeuta. Viene mucha gente por vacunas. Les doy la tarjeta y les digo que, si los niños tienen problemas para adaptarse, los ayudo. A veces incluye a los padres, porque mucha gente llega aquí y se deprime. Mucha gente está en proceso de asilo y se estresa durante los días antes de la entrevista. He visto cantidad de venezolanos. Los he conocido a casi todos a través de las inmunizaciones o que me refieren otras personas.

Hay 13 centros como este. En 2 o 3 de ellos tenemos gente que habla español. Trabajamos para diferentes agencias. Yo trabajo en *Children's Society of Florida* o Sociedad de Niños de la Florida, institución que ayuda, cada año, a más de 12 mil niños y su familia, solo en la Florida Central.

Virginia, háblanos de la página web que creaste para ayudar a los venezolanos.

«*Cluster*» (o Grupo) es una página parecida a Facebook. La conseguí buscando en Google dónde podía agrupar muchos usuarios y que no se sobrecargara como WhatsApp ni tuvieran que cerrar mi Facebook.

Cluster es un network privado para compartir amigos, familias, útil para ayudar a los venezolanos. Es una comunidad donde soy la administradora.

En Cluster *¿ustedes comparten recursos?*

Es una comunidad en la que se ofrece servicio de limpieza o peluquería. Panaderías, construcción, contables, promoción de eventos culturales, publicidad, decoraciones, fiestas, charlas, jornadas de vacunación. Servicios de notarías, oferta de empleos, venta de enseres o muebles, donaciones. Alguien que alquila o busca arrendar una habitación. Y un sinfín de opciones para apoyar a la comunidad venezolana.

Háblanos «Casa de Venezuela» en Orlando.

Es una Asociación sin fines de lucro con diversas actividades para ayudar al inmigrante venezolano. Pueden informarse a través de su web *www.casavenezuelaorlando.org*

A raíz de que están viniendo muchos venezolanos, decidimos ayudar con jornadas de orientación. Luego la empezaron a hacer otros grupos y ahora hacemos todo por internet. Estamos organizados por Comités.

Como Coordinadora del Comité de Apoyo Social, entre otras actividades hemos organizado *Party School* o reunión de escuela. Recibimos donaciones de ciertas empresas de Orlando, compramos útiles escolares y los donamos a quienes lo necesitan. A través del Comité de los Derechos Humanos, Casa de Venezuela participa en actividades de apoyo a los presos políticos en Venezuela, a través de exposiciones a Human Right Watch y otras instituciones relacionadas con la defensa de los derechos humanos. Charlas de denuncia y concientización de las graves violaciones de los derechos de los venezolanos. Se envían cartas a los presos políticos en Venezuela. Todos los miembros participan y escriben cartas.

El Comité de Relaciones Públicas dicta cursos y charlas de orientación sobre cómo alquilar o vender una vivienda, cómo obtener una tarjeta de crédito. ¿Qué deben hacer o qué no deben hacer?

Si alguien quiere pertenecer a Casa de Venezuela ¿cómo hace?

Lo mejor es por Facebook o Instagram. La página web está en construcción. En Instagram, la cuenta es Casa Venezuela.

¿Cuál es el principal problema que tiene el recién llegado?

Buscar trabajo, el primer problema es económico. La mayoría de los trabajos que consiguen no son acordes con la calificación profesional que traen de Venezuela. Son trabajos sub-calificados, pero aquí han aprendido a ser mecánicos. A mí me tocó limpiar. Ya soy ciudadana americana y hablo inglés. Pero somos inmigrantes *(Virginia)*.

Conseguir trabajo es fundamental. Muchos llegan a casas de familias. Dos o tres familias juntas. Cada una con hijos y se meten en un solo apartamento. Un solo techo. Después de dos, tres o cuatro semanas, están desesperados y tienen que buscar para dónde irse porque están hacinados y porque terminan en conflicto entre las familias.

Uno tiene que llegar también con la mentalidad adecuada. Si no, fracasa. Si le toca barrer, barre. Sea médico, abogado o ingeniero. En mi caso, para tener licencia de enfermera, fueron siete años durante los cuales limpié, incluso, baños públicos. Antes, no pude hacer otra cosa.

Hay quienes vienen con expectativas profesionales. Quieren obtener título universitario o hacer la validación de sus títulos, pero no tienen suficiente información o creen que no pueden validarlos. Una familiar es odontóloga y fue profesora universitaria, pero trabaja como higienista dental. También se pueden hacer cursos a nivel técnico. Dos personas con un sueldo de esos viven súper bien. Hay oportunidades. Cursos a nivel técnico o de auxiliar. Y podemos quedarnos dentro de nuestra área de trabajo *(Luz)*.

SUPERAR LA DIFICULTAD
DE EMIGRAR

Nelson Quintero
Especialista en psiconeurolingüística

Historias de coraje y superación

Emigrar es un proceso difícil. Muchos tienen éxito y son mejores personas luego de la superación de esa dificultad. Se debe a que el ser humano tiene esa capacidad asombrosa de superar las dificultades más arduas cuando tiene las creencias adecuadas, asume las actitudes correctas, toma las decisiones pertinentes y ejecuta las acciones provechosas.

No deja de asombrar la capacidad del ser humano para lograr lo supuestamente imposible. Esto lo notamos en todos los campos del quehacer humano, y en todos los rincones del planeta. En los deportes, en las ciencias y en las artes. En lo social y en lo político.

Algunas personas extraordinarias nacen con o adquieren minusvalías que, sin embargo, transforman en ventajas para conseguir sus logros y concretar hazañas. Otras personas no solo superan circunstancias adversas, sino que las transforman en incentivos para ser mejores seres humanos.

Uno de los héroes venezolanos, Andrés Galarraga –«El Gato» de los 399 jonrones en las Grandes Ligas– derrotó dos veces el cáncer y salió fortalecido como uno de esos grandes hombres que cree en los milagros.

Jacinto Convit, galardonado con el Premio Príncipe de Asturias, nominado al Premio Nobel de Medicina en 1998 y descubridor de la vacuna contra la lepra; compasivo por el confinamiento y el aislamiento de los leprosos, desde muy joven y hasta sus 100 años de vida, se dedicó a tratar pacientes con lepra y enfermedades tropicales, hasta que la muerte lo consiguió trabajando en un proyecto de vacuna contra el cáncer. Una frase define al Dr. Convit: *«Uno no nació nunca para odiar. El que tiene facilidades para amar a los demás, que lo haga con lo que lo disponga»*.

El norteamericano Erik Weihenmayer, a los 33 años, alcanzó la cumbre del Everest y escaló los otros seis picos más altos de la tierra. Lo extraordinario, lo asombroso es que Erik es ciego desde los 13 años de edad. Otra de sus asombrosas hazañas es haber recorrido en kayak durante tres semanas, él y su equipo, 277 millas en los rápidos del río Colorado, en el Gran Cañón. Además, ha escrito libros inspiradores. Esta es una de sus frases: *«No sólo ocúpate de la adversidad, úsala para impulsarte»*.

Al deportista y héroe canadiense Terry Fox, a los dieciocho años le amputaron la pierna derecha debido a un tipo de cáncer de huesos. A pesar de ello, siguió corriendo con una pierna ortopédica. Creó y comenzó una carrera que llamó **«Maratón de la Esperanza»**, con la intención de atravesar Canadá de este a oeste, unos 8.000 kilómetros, para recaudar fondos para la investigación contra el cáncer.

Corrió diariamente unos 42 kilómetros y, aunque tuvo que interrumpir la carrera después de correr 5.373 kilómetros, en 143 días, dejó un extraordinario legado. La carrera «Terry Fox» se celebra anualmente en más de 60 países y participan millones de personas. Es la mayor carrera de un día destinada a la recaudación de fondos contra el cáncer. Terry Fox murió antes de los 23 años. Una frase de Terry: «*Yo no siento que esto sea injusto. Son las cosas del cáncer. No soy el único. Esto le pasa todo el tiempo a mucha gente*».

Otra historia inspiradora. La nadadora norteamericana Diana Nyad, a los 64 años nadó, entre tiburones y medusas, los 166 kilómetros entre Cuba y Key West, Florida, en 53 horas. Hazaña que había intentado sin éxito en cuatro ocasiones anteriores. Y traigo su ejemplo porque cuando llegó y la gente la vitoreaba, le contestó al periodista en su entrevista: «*Todos tenemos sueños y decepciones porque esa es una condición humana*».

Después de su recuperación de una reciente operación del corazón y una rotura de caderas de años antes, a sus 80 años el japonés Yuichiro Miura logró llegar a la cima del Everest y dijo: «*Hay que subir la montaña como viejo para llegar como joven*».

Por sus ideas y por sus luchas en pro de la educación femenina y los derechos de la mujer, en países donde la mujer es tratada como esclava, la joven pakistaní Malala Yousafzai fue casi asesinada en un atentado terrorista de un grupo talibán. En 2014, con solo 17 años de edad, fue galardonada con el Nobel de la Paz. En una entrevista, Malala dijo: «*Parte de la naturaleza humana es que no aprende la importancia de nada hasta que se nos arrebata algo de nuestras manos*».

La mejicana Adriana Macías nació sin brazos, pero aprendió a llevar una vida normal y autónoma con sus pies. Adriana estudió derecho, oratoria y redacción. Desde muy joven viaja por el mundo dando conferencias de motivación y superación. Ha escrito libros y expresa: «*Siempre hay un segundo camino. Tu actitud determina tus éxitos o tus fracasos. Cada uno decide dónde quiere estar. O te quedas en casa a llorar y lamentarte, o sales a la vida a luchar*».

El físico teórico, astrofísico y cosmólogo inglés, Stephen Hawking –una especie de Einstein de nuestra época– padece una enfermedad degenerativa desde hace más de tres décadas que lo tiene paralizado de pies a cabeza. Además, debido a una traqueotomía, tiene dañadas sus cuerdas vocales, lo cual hace imposible comunicarse a través de la voz. Los médicos le daban tres meses de vida por su enfermedad. Pero, con los dedos de una mano, lo único que puede mover de todo su cuerpo, ha escrito varios libros y es uno de los científicos más reconocidos a nivel mundial. Se comunica a través de un procesador de palabras incorporado a su silla de ruedas. Me gustan estos dos pensamientos de Stephen Hawking: «*He* notado que aún la gente que dice que todo está predestinado y que no podemos hacer nada para cambiar nuestro destino, mira antes de cruzar la calle». Y el segundo pensamiento: «Inteligencia es la habilidad de adaptarse a los cambios».

La española Nuria del Saz, exitosa escritora, periodista y presentadora de radio y televisión, quedó ciega a los 14 años. En una entrevista respondió: «Siempre hay un segundo camino. Cuando quedé ciega, sabía que tenía otras cosas en qué ocuparme. No tenía mi mente solo en mi vista. La vida va avanzando. No te puedes quedar atrás. Sigues con ella».

¿Qué tienen en común estas personas que se levantan de sus cenizas para servirnos de ejemplo de superación, que transforman las desventajas o los obstáculos en caminos de éxito con perseverancia y optimismo?

Lo que tienen en común es lo que los psicólogos llaman **resiliencia**. Una característica que muestran algunos individuos envueltos en situaciones complicadas, pues son capaces de salir de ellas a salvo, beneficiados y «fortalecidos».

Se trata de un término tomado de la Física de los Materiales. Cuando se toma una barra de acero y se somete a estiramiento y torsión «**hasta ciertos límites**», una vez que cesan los efectos externos, no solo recupera su tamaño original, sino que sus propiedades inherentes –tales como estiramiento máximo y resistencia– mejoran por su reacomodo molecular. El resultado es un mejor material después de la acción de esos esfuerzos.

Nótese que se menciona «hasta ciertos límites». Cuando las circunstancias son insoportables, algunas personas pueden colapsar. Lo que se traduce en depresión, suicidio, locura, refugio en las drogas o en las bebidas alcohólicas. Pero otras saben salir fortalecidas.

La circunstancia que para una persona puede ser insoportable, para otra no lo es. Los límites de ruptura son distintos.

La **resiliencia** es una fortaleza presente en todos los seres humanos. Una potencialidad que puede desarrollarse con creencias adecuadas, con actitudes correctas, con autoconfianza y espiritualidad. Pues conlleva utilizar nuestros recursos internos en función de las nuevas circunstancias y de nuestras necesidades. Es un proceso de reinvención. Un paso más allá de lo usual para obtener los mejores resultados posibles. No hay fracasos ni triunfos: solo resultados convenientes e inconvenientes.

La **resiliencia** la podemos extender a los grupos, a las familias, a las comunidades e incluso a los países. Todos –grupos, familias, comunidades y países– son sumas de individualidades que pueden hacer sinergia y resiliencia.

Reconocemos a las personas resilientes porque:

1. Poseen autoconfianza.

2. Se rodean de personas positivas y evaden a los quejosos.
3. Son creativas para transformar sus experiencias en algo positivo.
4. Son flexibles, adaptables y perseverantes.
5. Tienen conocimiento adecuado de sí mismas.
6. Utilizan el buen humor para bajar presiones.

Nelson Quintero Weffer escribió **Seis pasos para ABATIR la adversidad,** basado en la resiliencia. Además de empresario y dirigente gremial venezolano, Nelson es Ingeniero, especialista en psiconeurolingüística y en programación neurolingüística. Y está de acuerdo con que, debido a las dificultades al emigrar, la resiliencia es invalorable.

¿Cómo defines «resiliencia» y «Programación Neurolingüística»?

La resiliencia es la capacidad que tienen los seres humanos de salir fortalecidos ante la adversidad. Recalco **«fortalecidos»** porque es diferente a resistir. Resistir es ver, enfrentar una situación, pero no tomar partido de ella. Resiliencia es más constructivo.

La resiliencia nos muestra cualidades que no sabíamos que teníamos. Por eso la palabra fortalecido es muy importante. En el libro se toca la resiliencia con el enfoque de la programación neurolingüística (PNL). Robert Dilts, uno de los mayores investigadores dentro de la PNL, la define como el modelo que permite saber cómo las personas construyen sus pensamientos. Cómo esos pensamientos se traducen en lenguaje y luego en accionar.

ABATIR *es un acróstico que usaste en el título de tu libro.*
¿Puedes describir los conceptos contenidos en esa palabra?

Es un modelo para intervenir el proceso resiliente de una persona. Una guía. Un proceso aplicable por una organización o persona que atraviesa una adversidad. El modelo se inspira en «Los niveles neurológicos», de Robert Dilts, y semeja la escalera de un edificio que subes, piso a piso, en la que el primer piso lo forma el Ambiente, al cual le siguen, la Conducta, las Capacidades, las Creencias y la Identidad, hasta llegar a la Espiritualidad.

Espiritualidad ↑

Identidad ↑

Creencias ↑

Capacidades ↑

Conducta ↑

Ambiente ↑

En el caso del fenómeno migratorio de Venezuela, muchas personas dicen «me voy de este país porque no tengo cabida en él». Se mudan a otro lugar, pero se llevan las mismas costumbres, las mismas conductas. No aprenden nada nuevo. No han cambiado su identidad y resulta que, al llegar a cualquier país, tienen los mismos problemas que en Venezuela.

Si en el país donde vivo o la empresa donde trabajo no saludo a nadie, no colaboro con nadie, ese es mi **Ambiente**. Si modifico mi **Conducta**, inmediatamente mi *Ambiente* cambia. Porque cuando hago cambios en un piso más arriba, impacto los de abajo. Si aprendo algo nuevo, en el nivel de las **Capacidades**, impacto *Conductas* e impacto *Ambientes*. ¿Te imaginas cuando hacemos cambio a nivel de las **Creencias**? Sigue impactando abajo y hay cambios superiores, pues es cuando cambio mi **Identidad**. Imagínate que alguien que antes decía «Yo soy un perdedor», «Yo soy un fracasado», ahora cree y dice *«Yo soy un triunfador»*, *«Yo soy una persona que fácilmente consigue el éxito»*, todo lo de abajo se transforma. Es por ello que el último nivel del que habla Dilts es el de la **Espiritualidad**. Espiritualidad no como religión, sino como tu conexión con los demás.

En el modelo de Dilts conseguí una analogía con la palabra «ABATIR». Y me inspiré en cada piso para ver qué factores comunes había con los factores resilientes.

Alcance	→	Ambiente
Balance	→	Conducta
Autocontrol	→	Capacidades
Temporalidad	→	Creencias
Interpretación	→	Identidad
Relación	→	Espiritualidad

Alcance

«Los problemas se solucionan donde se crearon». En el **Ambiente** en el que se originaron. Ese es mi eslogan en lo que se refiere al Alcance. Los estudios de la resiliencia han demostrado que un factor común en las personas resilientes es que no permiten que una adversidad en un área de su vida, afecte otra área. Personas en trámites de divorcio que no ven afectado su trabajo. Personas que dentro de su organización empresarial atraviesan problemas, pero cuyos valores y su relación con sus hijos, con su esposa o amigos no se ven alterados. Cuando la persona no es resiliente y tiene un problema en un área de su vida, parece que se le derrumbara todo el sistema.

Balance

A nivel de Balance, todas las investigaciones arrojan que existen **Conductas** propias de las personas resilientes, entre las que destaca la flexibilidad. Cuando somos rígidos y nos cambian algo, sucede una emergencia en nuestra vida o aparece la tragedia, nos inmovilizamos. Nos congelamos. Las personas flexibles o resilientes muestran una gran capacidad de adaptación frente a los cambios. Otra conducta importante en Balance es asumir con humor muchas facetas dolorosas en la vida. Además de ese pensamiento lateral que es la creatividad. Por otra parte, frente a la muerte en la familia o la tragedia dentro de la organización, el Balance permite buscar soluciones.

Autocontrol

El Autocontrol lo relaciono con las **Capacidades**. Autocontrol es la capacidad de controlar mis emociones y eso se puede aprender. Puedo desarrollar una capacidad ante ese cambio, frente a esa tragedia. Tener la capacidad de controlar mis emociones. Por ello lo llamo Autocontrol.

Temporalidad

La Temporalidad está relacionada con el nivel de las **Creencias**. La esperanza y la fe están sustentadas en un entramado de creencias que vienen de la casa, pero que se han transformado a través de los éxitos y los fracasos. Unas se han consolidado, algunas se han diluido, otras se han perdido. Pero la esperanza está ahí. Uno de los elementos comunes de las personas resilientes es que pueden ver que **la adversidad tiene fecha de caducidad**. No va a ser eterna. Cuando tienes un entramado de creencias que te dice «**Esto es temporal**», hay esperanza. Me afianzo en mi religión y esto me lleva a la acción. Una persona se suicida cuando piensa que nada va a cambiar, que no hay otro camino, otra opción. La esperanza dentro de la Temporalidad te lleva a hacer cambios.

Amancio Ortega es dueño de la empresa ZARA y alguna vez ha sido el hombre más rico del mundo, superando a Bill Gates. Amancio no tuvo una niñez fácil. Su familia tuvo problemas económicos, pero desde niño él le decía «mamá, esto va a ser temporal». «Esto no va a ser toda la vida». Un muchacho de 12 o 14 años que diga que su pobreza va a ser temporal, puede tomar acciones, puede aprender, puede modificarlo. Si piensas que las cosas no van a cambiar ¿para qué te vas a esforzar? La clave, entonces, a nivel de las creencias, es la Temporalidad.

Interpretación

Interpretación tiene que ver con el sentido en la vida, con tu **Identidad**. Quienes hemos pasado por adversidades que han trastocado la base de nuestra vida, nos hemos preguntado ¿por qué a mí? ¿Por qué me sucedió esto? Cuando esta pregunta no tiene respuesta, no te permite avanzar en tu proceso de resiliencia. Cuando halles respuestas y encuentres el sentido de lo que te sucedió, para aprender, para ser una mejor persona, ese ciclo resiliente evolucionará. Te afectará todo lo de abajo. Afecta tus creencias, tu conducta, tu capacidad, tu ambiente.

Steven Spielberg, judío, dice que cuando terminó de dirigir *La Lista de Schindler*, él se completó como ser humano, porque antes de eso se sentía como un hombre dividido. Una vez que pudo ver el lado bueno de muchas personas durante el Holocausto, pudo ver que también existen personas buenas, cerró un ciclo de su vida.

Cuando reescribimos lo que nos sucedió, cuando lo reinterpretamos, lo llevamos al lenguaje y le buscamos sentido, reconstruimos nuestra resiliencia.

Relación

Todos los pasos anteriores son niveles intrínsecos. Dependen de nosotros mismos. Están en nuestro interior. La Relación la vínculo con esa conexión con los demás que es la **Espiritualidad**.

Boris Cyrulnik es un niño de la guerra. Fue adoptado y se dedicó a buscar una explicación. ¿Por qué si otros podían, él no? Boris habla de los «Tutores de Resiliencia» y dice que son aquellos elementos o sujetos que aparecen para impulsarte en tu proceso resiliente. Un Tutor de Resiliencia pudiera ser, para un niño de la calle, esa persona que se sentó con él en un restaurante, le dio un plato de comida, lo llevó a su casa, le dio ropa nueva y le puso en contacto con los niños de él.

Un tutor que seguramente lo vio una sola vez en su vida, pero esa relación impactará su identidad, impactará sus creencias. Impactará en todo. A veces son amigos. A veces es esa persona que tenemos al lado. A veces es una película que vimos, que detona nuestra vida. A veces puede ser un libro, un evento, una obra que viste que te impactó. Detrás de un proceso resiliente pareciera que siempre hay un tutor de resiliencia.

¿Ser resiliente es una cuestión genética, es un aprendizaje o la mezcla de ambos?

Para mí, el entramado de creencias es la base de prácticamente todo. Si tengo la creencia de que, a pesar de quedar sin nada, puedo arrancar de cero y volver a ser el mismo, o mejor, eso me lleva a buscar soluciones. Por el contrario, si creo que al perder un familiar mi vida se acaba, me someto a una creencia que me limita.

Lo más bonito e importante es que la resiliencia no es para personas extraordinarias. Todos podemos ser resilientes. Lo segundo bonito que descubrí es que la resiliencia se puede aprender. Que unos reaccionen diferente a otros, es valedero. Lo importante es que esa persona que reacciona de forma inadecuada, la puedes abordar profesionalmente y la puedes ayudar a que vuelva a ser la persona que fue.

Dos hermanos son criados por el mismo padre, con la misma mamá, con la misma familia, con carreras similares. Sin embargo, frente a una tragedia familiar, uno termina en las drogas, arruinado, y el otro se catapulta, evoluciona. Se relaciona mejor con la familia y económicamente se supera.

Un ejemplo maravilloso de resiliencia.

INQUILINOS
DEL OPTIMISMO

Entrevista a inmigrantes

La mayor fuerza de cambio en el ser humano es el modelaje. Si otros lo hicieron y les salió bien, entonces cualquier ser humano puede hacerlo y salir airoso. Las creencias, los pensamientos, los valores, las aptitudes y otras cualidades que algunos utilizaron para triunfar, pueden modelarse. Lo que permitiría a otros ahorrarse el largo camino del dolor y del fracaso, y llegar más rápido a la alegría del éxito.

Podrían incorporar al repertorio propio estrategias de otros o contagiarse de las virtudes que permitieron que otros consiguieran sus objetivos. La atención debe centrarse en lo siguiente:

- «**Qué**» hace la persona (Conducta).

- «**Cómo**» lo hace (Estrategias).

- «**Por qué**» lo hace (Espiritualidad y Emociones).

«Quien encuentra un porqué, encontrará el cómo», dice Nietzsche.

Todos los entrevistados, además de inmigrantes, son inquilinos del optimismo. Han sido constructores de sus destinos, tenaces en conseguir sus sueños, excelentes modelos a seguir. Si Venezuela cuenta con la suerte del retorno de los inmigrantes, será una fortuna.

Sus experiencias, sus esfuerzos y sus dificultades. La adquisición de nuevas capacidades. La puesta a prueba de sus voluntades y quizás hasta la nueva humildad adquirida, serán capital invalorable para reconstruir a Venezuela.

La experiencia del exilio saca lo mejor de cada uno para adecuarse a nuevas circunstancias y nuevos escenarios con nuevas energías y nuevas conductas.

«AYUDA A DESARROLLAR
A OTROS, COMO A TI MISMO»

Samuel Vilchez
Un joven excepcional

El joven venezolano Samuel Vílchez Santiago, de 21 años de edad, es un estudiante del tercer año en el departamento de Ciencias Políticas en Princeton University, New Jersey, nuevamente calificada, en 2017, por la publicación U.S. News & World Report, como la mejor universidad nacional de Estados Unidos. Samuel es, además, el presidente de Princeton Latinos y Amigos, el grupo latino de la Universidad, y Consejero en el gobierno estudiantil.

En 2010, Samuel llegó a los Estados Unidos como refugiado político desde Venezuela. En 2015 Samuel se graduó en Orlando, Florida, obteniendo las mejores calificaciones académicas en los últimos sesenta años en su escuela secundaria. También ha sido seleccionado por las prestigiosas becas The Gates Millenium Scholarship, Questbridge y The Coca-Cola Scholarship, y ha participado en cursos muy competitivos, tales como el New Leader Council, Mount Vernon Leadership Fellowship, y Young People 4 Fellowshop, debido a su liderazgo en la comunidad. Además, ha sido reconocido por la Oficina de Servicio Comunitario del presidente Obama y por el Congreso de los Estados Unidos, entre otras.

Finalmente, ha realizado pasantías en el Congreso de los Estados Unidos, en el Bank of América, en el Partido Demócrata y en el comando nacional de campaña de la candidata presidencial Hillary Clinton.

¿En qué ciudad de Venezuela vivías?

En Maracaibo, estado Zulia.

¿En qué fecha emigraste a los Estados Unidos?

El 25 de junio del 2010, hace 7 años.

¿Cuáles fueron las razones por las que emigraste con tu familia?

Hubo dos razones. Una política y otra económica. Mis padres eran activistas del partido Un Nuevo Tiempo, en el estado Zulia, y fuimos amenazados por los llamados Colectivos. La otra era económica. Mi papá tenía una pequeña empresa que se encargaba de sistemas de seguridad y cámaras, y una vez hicieron un contrato con una empresa del gobierno, y no le pagaron. Debido a la combinación de estas dos razones nos vinimos a los Estados Unidos y cuando llegamos aceptamos asilo político.

¿Cómo describirías las principales dificultades que consiguieron?

Sin lugar a dudas, para mí, personalmente, la primera dificultad fue no saber inglés. Ir a la escuela y no saber lo que los maestros daban en clase. Cuando llegué, estaba en octavo grado. Y sé que para mis padres fue difícil en materia profesional. Mi mamá es odontóloga, mi papá es ingeniero en informática. Y fue difícil encontrar trabajo en esas áreas. Mi mamá estuvo en un hotel y después trabajó por cuatro años en un McDonald's. Mi papá trabajó en el aeropuerto. Esa fue la primera dificultad para ellos.

¿En qué momento sentiste que esas dificultades estaban superadas? ¿Cuánto tiempo te llevó superarlo?

En la parte de inglés, 3 o 4 años después ya sabía inglés. Con respecto a mis padres, pienso que 5 o 6 años.

¿Cuáles son las creencias y las actitudes que te han llevado a tener tanto éxito, en tan corto tiempo y a tan corta edad?

En primer lugar, creo que fue ver los sacrificios que mis padres hicieron para que mi hermana de dos años y yo tuviéramos un mejor futuro. Mi mamá, odontóloga, trabajó en McDonald's sabiendo que era necesario para que tuviéramos un mejor futuro. Ese ánimo que mis padres me dieron fue muy importante para decir «Tengo que esforzarme, porque ellos están dando el 100% por mí, y también tengo que dar el 100% por ellos».

Decidí que, a través de la escuela, iba a dar todo lo que podía para tratar de ser exitoso. Sin embargo, otras creencias son importantes, como la determinación. Uno no solo tiene que iniciar etapas en su vida. También tiene que esforzarse en terminarlas. Y también valorarte a ti mismo para alcanzar las metas personales.

Tus padres seguramente se sienten muy orgullosos de ti porque has devuelto el esfuerzo que ellos han hecho. Creo que la mayor satisfacción de un padre es que sus hijos sean triunfadores. Además, muchas personas que han alcanzado el éxito tienen figuras de modelaje. Helen Keller, ciega y sorda, fue una de las escritoras más prestigiosas del siglo XX, y parte de su éxito se debe a su tutora Anne Sullivan, quien la acompañó desde los 7 años hasta su muerte, a los 87 años.

Conversé con tu maestra, Johanna López. Te describe como un líder que sabe escuchar, es perseverante y determinado. Reconoce la influencia positiva de tus padres y que no te has desprendido de tu historia, de tu sentimiento venezolano. También te describe como cauteloso, pero no tímido, y que te gusta trabajar en equipo. ¿Qué me puedes decir de tu maestra Johanna López?

Una persona muy importante en mi vida. Cuando llegué a la escuela, en décimo grado, estaba pasando por esa etapa de aprender inglés, de encontrar amigos. Y para mí fue sumamente difícil. Además de que estaba pasando por la adolescencia. Y en realidad no estaba muy seguro de mí mismo. Cuando entré al salón de clases de Johanna López, todo cambió.

Se tomaba tiempo para asegurarse de que sus estudiantes estuvieran bien. Para que tuvieran confianza en sí mismos. Y cambió mi vida porque me hizo ver que podía llegar hasta donde quisiera. Que podía seguir adelante y en décimo grado se convirtió en una amiga, para mí y para mi familia. Además, ella era activista en una campaña por los derechos de los latinos en la Florida. No solo es maestra, también tiene 4 hijos, y ha sido una muy bonita relación salida del salón de clases. Recuerdo que nos quedábamos hasta las 7 u 8 de la noche haciendo servicio comunitario, trabajando por la comunidad. Ella ha sido muy importante en mi vida.

Ella reconoce que tú la ayudaste a ser galardonada como Maestra del Año del Condado de Orange, en 2016. Te reconoce como parte importante de ese logro, de manera que allí se entremezclan estudiante y maestra.

Tienes mucha vida por delante ¿cuáles son tus proyectos y tus sueños?

Luego de que me gradúe quisiera seguir estudiando. Quisiera buscar dos maestrías, una en Administración Pública y la otra en Políticas de Educación. Luego quisiera regresar a la Florida, para luchar por aquellas personas que no tienen voz, para hacer valer sus derechos. Tanto en mi papel de activista como también a través de la política. Creo que es importante que la comunidad política en la Florida se una. Y eso es un trabajo que no muchos están haciendo. Es vital entender que, tanto en política como en economía, somos una mayoría. Intentar ayudar a los demás. Esa ha sido mi meta y también es parte de mi vida profesional. Ayudar, sin saber a quién. Hacer el bien, sin saber a quién.

Quiero compartir contigo mis proyectos como venezolano. El libro que da cabida a esta entrevista, quiere mostrar, resaltar el espíritu de lucha de los venezolanos. Hay personas de diferentes edades, con diferentes dificultades. Algunas de ellas con dificultades de salud, con inconvenientes en sus empresas o con problemas económicos. Quiero mostrar que ese espíritu de lucha, al final, llega a triunfar, como un reconocimiento a los venezolanos. Porque normalmente la emigración se ve como un drama, y quiero mostrar uno de los aspectos positivos de la emigración. Otro proyecto es un libro sobre los logros de los empresarios venezolanos en los Estados Unidos. Son muchísimos. Me admira haber visto tantos empresarios venezolanos en diferentes áreas. Algunos de ellos, jóvenes que han tenido éxito.

¿Qué le aconsejarías a la gente joven que está llegando al país? Veo que hay gente que llega con una formación excelente. No solo académica, sino familiar. Con actitudes. Pero es difícil para ellos, no solo por el problema de la legalidad migratoria, sino también por cómo ganarse la vida. ¿Qué consejo les das? Entiendo que tienes una charla preparada sobre claves del éxito, que tiene que ver con esta pregunta.

Como parte de mi carrera profesional, quiero ayudar a la comunidad venezolana, tanto en Florida como en Venezuela. Pienso que es importante que la comunidad venezolana en el exterior ayude a resolver la crisis que sufre Venezuela. En cuanto a qué les diría, «Las Claves del Éxito» es una charla en la que hablamos acerca de becas, del éxito académico y de solicitudes a universidades. Esto lo llevamos haciendo apenas hace un año y tres meses, y ya hemos hablado con más de dos mil padres y estudiantes latinos. Las charlas las expandiremos. Vamos a Tampa y a Miami. En esta charla permitimos que los padres conozcan más acerca del sistema de educación para sus hijos.

En términos de dedicación, le recomiendo a todo el mundo que se informen. Existen temas que muchas personas utilizan para hacer dinero, y así no debería ser. En otros términos, para emigrar a los Estados Unidos, los venezolanos tienen que buscar una forma de encontrar la legalidad porque sin papeles es sumamente complicado. Y este mensaje es más para la sociedad estadounidense, que es una sociedad de inmigrantes, pero que parece no valorarlos.

En términos económicos, es sumamente importante aprender inglés, saber el idioma. Buscar una comunidad, amigos que siempre van a estar ahí, porque son tiempos difíciles. Y uno tiene que practicar estrategias para sentirse bien, sabiendo que, aunque esté lejos de su país, tiene una comunidad que lo valora y apoya.

Conjugas dos cualidades difíciles de encontrar en personas exitosas. No solamente tu desarrollo interior, como persona, sino que no olvidas al otro. Te sabes integrar. Normalmente, las personas de éxito primero siguen el camino de desarrollarse ellos, de ser ellos mejores como persona, y luego contribuir. Pero lo ideal es encontrar a alguien que haga esas dos cosas al mismo tiempo.

Creo que uno se desarrolla cuando las personas cerca de uno se desarrollan. Fui a una charla en la universidad, en la que mencionan que es importante que cada vez que avancemos, nos aseguremos de que estamos avanzando con nuestros seres queridos. Y eso es sumamente importante porque con quien nos asociamos también define mucho quiénes somos. Es importante ayudar a desarrollar a otros tanto como a ti mismo.

Sé que contigo tenemos un venezolano que es y será una parte importante para la comunidad venezolana. ¿Eres optimista con respecto a Venezuela? ¿Piensas que estamos viviendo una hora negra después de la que algún día veremos la luz?

Tengo muchas esperanzas de que cuando Venezuela salga de este gobierno, vamos a salir adelante, porque creo que los jóvenes van a luchar por una nueva Venezuela. No vamos a volver a la Venezuela de la Cuarta República que dio lugar a Chávez, sino que haremos una Venezuela nueva con una visión más incluyente, de progreso para todos por igual.

«ME EXPROPIARON MI FINCA»

Oscar Romero
Exganadero

Oscar Romero, ingeniero agrónomo de profesión y ganadero de larga tradición familiar, es la representación del samurái que no se amilana ante las dificultades, pues las afronta sin perder su equilibrio, y lo hace con buen humor y optimismo.

Háblame de tu pasado como ganadero, de tus experiencias y de las razones por las cuales te viniste a los Estados Unidos.

Fui un ganadero próspero. Con una hacienda familiar, desarrollamos cantidad de proyectos. Teníamos en cartera proyectos más interesantes aún. Tuvimos el permiso de una explotación de minería para la extracción de grava del río que cruzaba nuestra finca.

Teníamos el desarrollo de nuestra producción de leche y carne, pero el gobierno decidió que estábamos en una zona de interés para la guerrilla, como criadero de la guerrilla, y utilizó a los indígenas como brigada de choque para desalojar a los ganaderos de esa zona, y una vez libre de ganaderos, entregárselas a la guerrilla, como en efecto sucede actualmente. Por lo que puedo denunciar que Venezuela perdió territorio. Al igual que perdió con Guyana, la frontera de Venezuela no es la cumbre de la Sierra de Perijá, sino los bordes, los pies de monte de la sierra en Machiques.

Las tierras de las que hablas eran propiedad de tu familia desde 1936. Haciendas que pertenecían a varias generaciones familiares.

Soy prácticamente la cuarta generación. Mi tío Luis Ángel fundó la hacienda «Rancho Grande» y fue prácticamente el tutor de mi papá. Ellos se llevaban treinta años de diferencia.

En 1943, mi tío Luis le fio «Rancho Grande» a mi papá y al hermano menor de mi papá. De manera que la finca que nació bajo la figura paterna de mi tío Luis Ángel, murió cuando tuve que salir huyendo.

Salir «robándose» sus propias pertenencias, acosado por el gobierno chavista y por los indígenas. Sacar la maquinaria y el ganado de noche, «robándose» los enseres de la casa familiar y escapando. Esa fue la situación tensa con la que terminó la hacienda y esa etapa familiar.

Tuviste incidentes, fuiste agredido por los indígenas e incluso intentaron invadir la hacienda.

Sabíamos que los indios estaban tratando de invadir la finca en esa zona como brigada de choque. Desde esos tiempos estaba armado. En ese momento estaba solo, sin protección y sin escoltas, y recibí la alerta de que esa mañana iban a tratar de invadir los patios de Rancho Grande. Me preparé y esperé sin creer que fueran a llegar. Y a las nueve de la mañana, como me habían dicho, llegó una camioneta llena de indígenas en el compartimiento de carga.

Me les enfrenté. Armé mi rifle modelo 1894. Los enfrenté como a seis metros de la camioneta. Apunté al cabecilla y le dije: «el que se baje lo mato». Porque realmente yo estaba resteado. Cuando uno dice «me sacarán muerto», es una frase muy descriptiva de lo que uno siente en ese momento. Eso pasó y afortunadamente el cabecilla entendió que yo tenía la más firme determinación de terminar eso a balazos. Ordenó regresar la camioneta y se fue.

¿Cuánto tiempo duró esa situación de hostigamiento y acoso permanente?

Fue una situación larga porque los comunistas aprendieron muy bien el sistema de guerra de guerrillas. De ir desgastando.

Hay que recordar que todos estos movimientos tienen fundamentos comunistas, porque el origen de todo esto es la dictadura cubana. El castrismo cubano está detrás de todo lo que está pasando en Venezuela. El comunismo, la guerra de guerrillas de talante comunista, va erosionando y atacando, poco a poco, hasta que debilita y desmoraliza al contrincante.

Empezaron a robarnos vacas. Cinco vacas, ocho vacas. Una noche mataron seis vacas próximas a parir. Las mejores de la hacienda. Las descuartizaron en la banquera de maternidad. Dejaron los fetos y se llevaron unos pedazos de carne. No era para comer. Era una señal de amedrentamiento y de que iban por nosotros. Es una forma de desmoralizar a un criador de ganado, porque uno vive de su ganado y siente que su rebaño es parte de uno. Cuando te matan una vaca es como si te mataran un familiar. Eso fue lo que hicieron.

Perdiste la finca y durante ese proceso te diagnostican una enfermedad.

Es muy probable que a raíz de todo ese estrés –pues sabíamos que el comunismo venía por las tierras de la Sierra y se hablaba de la pica que iba a determinar las zonas de demarcación indígena– en 2010 me fue diagnosticado el «linfoma de no Hodgkin», un tipo de cáncer del sistema linfático, y comencé a ser tratado con éxito.

¿Qué te motivó a venirte a los Estados Unidos?

Perdimos la finca en 2011 y en 2013 seguía mi tratamiento de quimioterapia para tratar el linfoma que padezco todavía. El gobierno venezolano me dijo que no había medicinas para mí porque yo era enemigo de la revolución. Hay una farmacia que se encargaba de suministrar medicamentos de alto costo a los pacientes de cáncer, y me dijeron «usted es enemigo de la revolución, para usted no hay medicamentos».

Mi doctor me alertó que debía recibir tratamiento como venía haciendo, cada tres meses, y me dijeron que buscara alternativas. No tuve otra opción que buscar en los Estados Unidos el refugio para recibir esos medicamentos y gracias a Dios conseguí este gran país. Me atendieran, me trataron, me recibieron. Estoy bajo un programa de tratamiento periódico y sé que estoy en buenas manos. Es un programa muy serio, muy responsable, con todos los recursos de la tecnología.

¿Cómo hiciste ese cambio y lograste sentirte esperanzado, lleno de optimismo y sin quejas?
¿Cómo sobrellevaste la pérdida económica y tu situación de salud?
¿Qué estás haciendo en este momento para sentirte útil y activo?
¿Para ganarte la vida y conectarte con la vida en este momento?

Básicamente lo que hice fue soltar amarras. Porque uno es muy dado a emprender un viaje y siempre dejar los lazos, pero los lazos hay que soltarlos para poder navegar.

En 15 días, cuando mi doctor me dijo «váyase porque usted necesita su tratamiento», decidimos dejar todo nuestro patrimonio restante en manos de la familia y emprender un viaje incierto a ver dónde conseguíamos tratamiento. Pero, en primer lugar, siempre andamos con Dios. Dios es nuestro guía. Nuestro compañero. **Le recomiendo a todo el mundo que busque ese compañero que es Dios.**

Cuando uno va a emprender un viaje tiene que desprenderse y saber decir adiós. Es útil saber lo que se conoce como **«síndrome de Montecristo».** Todos en nuestros países de origen fuimos el Conde de Montecristo. Tuvimos, hicimos, mandábamos, ordenábamos, disponíamos, pero cuando uno toma la decisión de emigrar, el Conde de Montecristo tiene que morir. Y tiene que dejarlo bien sepultado allá. No vivir de los recuerdos de lo que uno pudo haber hecho o no en su país de origen. Es requisito fundamental para hacer una nueva vida. Como dice Buda: **«El pasado ya se fue. El futuro no ha llegado. El presente es hoy y hay que vivir intensamente cada instante».**

Esta experiencia de desprendimiento, de desapego, de optimismo en este nuevo panorama, es ejemplar y admirable. ¿Cómo ves el futuro para ti y tu familia? ¿Cómo ves el futuro de Venezuela?

Tengo fe en que Venezuela tiene todo el potencial para surgir. Otros países que han sufrido guerras atroces, devastadoras, como Alemania y Japón e Italia, incluso, se han podido recuperar, habiendo perdido una gran cantidad de personas, de su juventud. Incluso con destrucción de su infraestructura, bombardeo de puentes, destrucción masiva de sus ciudades.

Venezuela no ha sufrido nada de eso. Incluso los muertos de Venezuela, los dos millones o más que estamos afuera, quizás el 80% estamos dispuestos a regresar cuando se reinstituyan las condiciones de vida en el país que abandonamos. De manera que ese es un capital que no está perdido, estamos a la espera de que se restituyan las condiciones.

Quisiera dar un consejo a mis colegas, a mis paisanos. Cuando uno emigra, debe tratar que sus ahorros, que son muy escasos, por mucho que uno considere que son altos, deben quedarse como reserva.

Usen los ahorros en inversión, en cosas reembolsables y gánense la vida aquí de manera honesta. Hay mil formas de ganarse la vida. Hay que trabajar sin pensar en qué fui, en qué era o en qué tenía. En Estados Unidos hay que trabajar. El que quiera mandar en su trabajo, que se quede en Venezuela.

A Estados Unidos hay que venir con mucha humildad a recibir instrucciones, órdenes, dictámenes y trabajar como el más sencillo de los obreros, porque de lo que se trata es de ganarse la vida en este gran país.

¿Qué te ha mantenido tan optimista y tan luchador?

¿Qué es lo que más te ha ayudado?

¿Qué cualidad o qué fuerza se te ha dado para superar esas circunstancias?

Creo que hay una conciencia al momento que uno empieza a tener dificultades serias en la vida, bien sean patrimoniales o en salud. Empieza uno a percibir que realmente hay un Ser Superior que tiene los designios de nuestras vidas. Lo que he hecho con mucha humildad es pedir a ese Ser Superior, que sé que existe y me ha dado pruebas innumerables de que existe, que me dé fuerzas para aceptar su voluntad. Esa es mi oración principal todos los días. «Hágase tu voluntad y dame fuerza y recursos para aceptarla y entender». No es entender, sino digerirla y manejarla.

¿Ha cambiado el valor que le dabas a la vida, a las cosas que le daban valor a tu vida?

Cuando uno está en la cúspide de la vida, la salud, la prosperidad, el éxito profesional y económico, realmente la percepción de otras fuerzas, de otras condiciones se diluyen. Se pierden y uno peca de vanidoso creyendo que la juventud es eterna. Que el éxito va a ser permanente. Que el dinero es más importante que cualquier cosa. Y resulta que cuando pasa lo inesperado, en un instante te das cuenta de que lo realmente importante, lo esencial, está en otras cosas.

¿De qué disfrutas en este momento?

De todo. De cada momento de la vida. La vida empieza a tener sabor en cada instante. Las cosas simpáticas, las cosas agradables son para disfrutarlas. Las cosas no agradables, tristes, son para aceptarlas y aprender de ellas. Siento que crezco cuando tengo algún revés, algo contrario a lo que quisiera. Hago un alto en mi vida y trato de extraer alguna lección de esa situación.

¿Las adversidades son oportunidades para nuevos aprendizajes?

Una frase trillada dice «**Hay que sacar provecho de las crisis**». Creo que en las adversidades uno tiene que aprender la lección de esa situación. Creo que la palabra mágica de todo esto es la humildad. Aceptar los designios de Dios y, al mismo tiempo, pedirle a ese Ser Superior que te apoye. Que te dé fuerzas para manejar sus designios.

Ayudas a tu hijo en labores de construcción. Manejas una pequeña empresa de taxis. Cuando descubres que un pasajero habla extraño, conversas con él para confirmar si el idioma que habla es hindi o cantonés. Para conocer sus costumbres o su cultura. ¿Lo disfrutas?

Dios me he dado la capacidad de disfrutar cada momento de mi vida. Cuando abro los ojos en la mañana, despierto alegre de estar vivo. De tener a mi esposa a mi lado. Y de todo lo que me ofrece la vida.

Recordando la frase de Buda, creo que el pasado no existe, fue antes y ya no se puede vivir. Vivir el pasado es una tendencia que tenemos todos los seres humanos. Creo que ese equipaje no nos trae ningún beneficio.

¿Venezuela es un problema ajeno a ti? ¿Su futuro es un problema que trajiste contigo o eso excede lo que puedes manejar?

Tuve que cortar amarras y entendí que no me podía traer más de lo que podía manejar. Los negocios que me quedaron, los dejé. Desde aquí, no los puedo manejar como yo quisiera.

La situación de Venezuela es compleja y no tengo acceso a intervenir, a participar, a influir en nada de lo que está sucediendo. Por lo tanto, siguiendo la frase «**Los activos que no producen son pasivos**», creo que los que estamos en Estados Unidos con poca capacidad para participar en lo que está ocurriendo en Venezuela, una de las maneras más directas que tenemos de mejorar y desarrollarnos es desprendernos de Venezuela.

No hay forma. Cuando uno toma la decisión de emigrar tiene que dejar Venezuela. Es una realidad cruda, dura. Pero no se puede estar en dos países a la vez. No puedes desarrollar tus nuevas capacidades en un país extraño, algunas veces inhóspito, árido desde el punto de vista de las condiciones, y seguir añorando Venezuela.

Mientras no salgas del cascarón, no vas a prosperar y desarrollarte. Los que tuvimos que tomar la decisión de venirnos, debemos cerrar capítulos. Debemos seguir con mucho interés la situación en Venezuela, pero que no nos afecte. No podemos permitir que nos ocupe más de lo posible. Lo que sí podemos hacer es ayudar a los que llegan. A los que toman la decisión de emigrar. Darles apoyo, orientación.

Lo que allá quedó, allá quedó.

«UN INCENDIO DESTRUYÓ MI NEGOCIO»

Carlos Barboza
Abogado y empresario

Por circunstancias propias del inmigrante, Carlos es propietario y gerente general de un negocio de procesamiento de vehículos usados para la venta de las partes que se extraen, en Orlando, Florida.

Carlos apostó todos sus ahorros, su tiempo y energías a mejorar y modernizar el negocio durante tres años y medio, pero un incendio destruyó el negocio. Esa experiencia, y su éxito posterior, cuentan como ejemplo típico de resiliencia.

Perseverancia, tenacidad empresarial, enfoques gerenciales adecuados y un nuevo equipo de personal, le permitieron transformar el negocio en uno mejor al existente antes del incendio.

¿Qué hacías en Venezuela?

En 2005 obtuve el grado de abogado en Venezuela. Hice varios diplomados en el área tributaria, procesal civil, laboral, así como en el campo del liderazgo y la gerencia. En 2008 obtuve el Master para abogados extranjeros en Derecho Internacional en *Stepson University*, en USA.

Regresé a Venezuela con entusiasmo y con una formación bastante amplia en el derecho corporativo. Me reincorporé al negocio familiar, una compañía de ingeniería y construcción. Al mismo tiempo, mientras trabajaba allí, hice un programa avanzado de gerencia en el Instituto de Estudios Superiores de Administración (IESA).

¿Qué cargo tenías en la empresa de ingeniería?

Empecé como consultor jurídico, luego ejercí el cargo de vicepresidente y a partir del 2009 fui promovido al cargo de presidente de la compañía. Empecé mi carrera como emprendedor, con la apertura de dos negocios de ventas de partes usadas de automóviles, o «chiveras», como les llaman en Venezuela.

¿Por qué decidiste emigrar a los Estados Unidos?

Después de 2008, luego de mi retorno desde los Estados Unidos, noté el deterioro en Venezuela. Antes de 2006, podía reunirme con mis amigos fuera de nuestros hogares, sin tener que preocuparme por la inseguridad. Pero después de 2008, las reuniones se hacían en casa. Había que estar más alerta en la calle. Asistí a cursos de protección personal y eran más cercanas las historias de inseguridad e incluso de homicidios. Se notaba ya la escasez de alimentos, entre otros síntomas de deterioro, como los apagones, el agua que se iba por varios días. Se manejaba a la defensiva para evitar el atraco mientras esperabas la luz verde del semáforo. Realmente se vivía con paranoia. Prevalecía la sensación de que tu vida no valía. Sentías que te encontrabas en manos del hampa o que podías ser secuestrado.

¿Cuál es tu experiencia como emigrante?

Durante el tiempo que estudié en USA aprendí el sistema americano y a quererlo como mi segunda patria. Mi hermana fue la primera en emigrar, en 2002, luego mi hermano mayor, en 2009. Al año siguiente vine con mi esposa y, finalmente, en 2012 se completó el grupo familiar con la llegada de mis padres.

En marzo de 2010 sostuve una conversación con un paralegal venezolano y me comentó que la embajada de USA en Caracas la iban a cerrar pronto y tenía que venirme lo más rápido posible. Adelanté mi matrimonio y en junio de 2010 llegamos a Miami. Y, una vez establecidos, fue el momento en que me hice las preguntas: ¿Y ahora qué? ¿A quién acudo? ¿Cómo voy a sobrevivir aquí? ¿Qué opciones tengo? ¿Cuál es mi plan? ¿En qué negocio invertir?

¿Qué empezaste a hacer para ganarte la vida?

Una de las pocas opciones que tenía era empezar la carrera de leyes. Pero tendría que empezar desde cero y estudiar seis años más. Haber estudiado ocho años seguidos me proporcionó una noción básica del área empresarial y legal. Así que descarté esa opción y le di prioridad a los dos negocios que había dejado abiertos en Venezuela. Cambié mi look de pantalón y corbata para vestirme con gorra, shorts y una franela negra para disimular el sucio. Comencé a cargar contenedores de auto partes en ciudades como Miami, Tampa, Jacksonville.

¿Cómo te impactó?

Una de las cosas que me impactó fue el tipo de personas. Muchos solo tenían la educación de la calle. Fue difícil la adaptación porque en Venezuela estaba acostumbrado a trabajar con personal profesional, con ética y honestidad como valores arraigados. Y de repente te encuentras con todo lo contrario. Me convertí en un guerrero. Aprendí a que no me importara llenarme de aceite, el esfuerzo físico y, sobre todo, actividades que eran totalmente nuevas para mí.

Tu nombre y tu profesión no te dan un valor extra. Y lo que amo de USA es que no importa cómo vistas, lo que haces o de dónde vengas, siempre y cuando respetes las leyes te irá bien. Tienes que olvidarte de la «viveza criolla» y aprender a querer este sistema. No tienes otra opción si quieres vivir aquí.

¿Cómo fue la transición de tener negocio en Venezuela a manejar una empresa establecida en los Estados Unidos?

Durante mi estancia, entre 2010 y 2012 en USA, todavía dependía de los negocios que había dejado en Venezuela y los atendía a distancia, mientras me enfocaba en dirigir y fortalecer el negocio de USA. Pero cada vez era más difícil la exportación de repuestos usados a Venezuela. La inflación era sumamente volátil e impredecible, y el auge de la crisis social, económica y política me llevó a desprenderme de las conexiones con Venezuela, para emprender un negocio local.

Opté por seguir en el mundo de los repuestos y, en junio de 2012, invertí, con mi padre, en un negocio que en USA es denominado Junkyard[10].

¿La experiencia y el conocimiento gerencial que traías de Venezuela, pudiste aplicarlos plenamente en cuanto al personal, las estrategias de negocio,
el mercadeo y las finanzas? ¿Todas esas herramientas gerenciales que te enseñan en las escuelas de negocios, fueron válidas acá?

La educación universitaria y la de la calle son completamente distintas. Al principio me costó aplicar las herramientas gerenciales. Más bien tuve que aplicar la parte humana y entender por qué el empleado se comportaba de tal manera. Entender el proceso de los repuestos, aprender sobre marcas de carros. Aplicar la tecnología y, lo más importante y retador, cambiar totalmente la forma como se manejaba ese tipo de negocio.

Parte del personal del negocio adquirido tenía problemas de drogas y alcoholismo. El 15 % del inventario estaba guardado en el sistema, mientras el 85 % estaba en la mente del dueño anterior. No había cultura de organización ni, menos aún, de limpieza. No había, siquiera, un website y mucho menos e-commerce. No había sentido de pertenencia por parte de los empleados y, por supuesto, los primeros años el negocio generaba pérdidas. Una vez, incluso, un ex empleado me puso un cuchillo en mi cuello. Hubo que hacer una depuración

---

10   *Junkyard* es un negocio de desmantelamiento de vehículos usados, en el que las piezas extraídas usables se venden para vehículos en funcionamiento.

bastante fuerte en todo y, poco a poco, levantar un negocio que tenía muchos años de mala reputación.

Tu negocio se incendió. Cuéntanos sobre esa experiencia.

En septiembre de 2015 estaba almorzando con mi esposa y mi hijo. Recibo una llamada de uno de mis vendedores y me dijo que viniera rápido porque el negocio se estaba incendiando. No tenía noción de la magnitud del incendio hasta que, a lo lejos, vi una inmensa nube negra que se esparcía en el cielo. Fue una experiencia desgarradora y demoledora. Los tres años y medio de trabajo, esfuerzo, dinero y perseverancia que me había costado, con mi equipo, crear un nuevo nombre, se fueron en tres horas producto del fuego.

¿Qué pasó después del incendio? ¿La cultura americana ayuda en esas circunstancias o realmente te empieza a aplicar controles, te empieza a exigir cosas? ¿Qué dificultades tuviste luego?

Primero, medir la magnitud del daño y saber con cuánto contábamos monetariamente para reabrir el negocio. Segundo, con qué personal de apoyo contaba. Y, tercero, qué tan rápido podíamos reabrir el negocio.

Del primer punto, toda la infraestructura y el 75% del valor del inventario fueron devorados por el fuego. Y el seguro solo reconoció un 10% del valor de la pérdida que hubo. Tuvimos que reformar el negocio a riesgo con lo poco que teníamos para levantarlo.

Por otra parte, hubo muchos frentes abiertos: empleados, detectives, bomberos, inspectores ambientales, contratistas, proveedores, clientes. Tuve la fortuna del apoyo incondicional de mi padre. Su experiencia y su entusiasmo por la vida motivaron mi acción a seguir.

Del tercer punto, el mejor escenario para reabrir, según los profesionales, era de seis meses. Me dije a mí mismo que el negocio no iba a aguantar estar cerrado tanto tiempo, así que con perseverancia logramos reabrir el negocio en dos meses, aún con cosas pendientes por mejorar, pero lo abrimos.

Te encontrabas en un país extraño, no contabas con las redes de solidaridad que habías creado en tu país y las autoridades, muchas veces, en vez de ayudarte, te exigían más. ¿Cómo te sentiste? ¿Cómo fueron los días posteriores al incendio?

Había días en los que, al despertarme, no me provocaba levantarme de la cama por la cantidad de problemas que había que resolver. Había mucha incertidumbre. Mi esposa estaba embarazada, de siete meses, de mi segundo hijo. Tuve que callarme para no mortificarla ni a ella ni a nadie. Es difícil callar tus sentimientos cuando más lo necesitas. También mi status migratorio dependía del negocio y en ese momento estaba en plena renovación y aplicando por la Green Card.

Fueron tantas situaciones que no sabría decirte cómo pude manejarlo. Lo que sí puedo decir es que conté con el apoyo familiar. Supe que todo esto era pasajero. Me enfoqué en el progreso diario. En dejar de preguntarme por qué me tocó esta situación y en que una vez que saliera de todo eso, iba a salir fortalecido. Y así fue. La oración me sirvió mucho ya que la fe fue mi guía y Dios ha sido y es mi sabiduría y mi fortaleza. Eso me ayudó a no solo creer que todo tenía solución, sino también a mantener los buenos deseos y a visualizar los resultados que deseaba.

Una vez que pudiste superar esas circunstancias ¿qué estrategias usaste para recuperar tu negocio?

Acudir a esa capacidad que tenemos los seres humanos de **ser mejores después de lo peor,** la resiliencia. A poner las cosas en orden. Uno siempre tiene que estar esperando lo mejor, pero preparado para lo peor. Buscar a las personas correctas para que te ayudaran. No soy Superman. La red de apoyo es fundamental en situaciones así. Uno tiene que seguir adelante. Lo que pasó ya pasó y lo que se pueda arreglar, se puede arreglar.

¿Cuáles fueron las mejoras que hiciste en tu negocio, además de buscar nuevo personal, renovado, educado?

Había que hacer cambios. Levantarse de las cenizas y empezar de manera distinta a como lo veníamos haciendo. Dios me dio la oportunidad de evolucionar con paciencia. De aprender de los errores que cometí y los reveses me impulsaron a seguir hacia adelante. Aprendí de mis experiencias y me enfoqué en mi crecimiento como persona y como emprendedor. Después de dos meses, tomamos la decisión de cambiar toda la naturaleza del negocio. Era riesgoso. Si nos iba bien, bien. Pero si nos iba mal, ya no había más fuerza económica para seguir adelante y decidimos tomar el riesgo. Buscamos un personal totalmente nuevo. Implementamos nuevas estrategias de marketing, fortalecimos el *e-commerce* (comercio electrónico), nos focalizamos en hacerle saber a la gente que el negocio seguía abierto, aunque tomó tiempo para que se enteraran. Y ejecutamos un plan estratégico financiero para cubrir los gastos de infraestructura, entre otros.

¿La tecnología te ayudó a mejorar el negocio?

Sí, todo está interconectado. La estrategia de venta por internet, mejorar los procesos, el registro del inventario y los sistemas de información ayudaron bastante el negocio. Ahora se vende tres veces más que antes del incendio.

¿Cuáles crees que son las cualidades o las actitudes correctas que te ayudaron a adaptarte a vivir en los Estados Unidos?

Uno tiene que estar consciente de que no puede traer la viveza criolla o las malas mañas a esta nueva casa que es USA y que, a pesar de que no es mi casa materna, es mi nueva casa.

Estados Unidos es un país único donde tienes que respetar las leyes. Tienes que adaptarte a las costumbres y a la cultura de este país. Aquí hay gente buena y gente mala, pero al final sigue siendo un país hermoso. Si el inmigrante respeta las leyes y tiene una conducta ciudadana, le va a ir bien porque este es el país de lo posible y tendrá oportunidades de verle fruto a su trabajo. Muchos inmigrantes han empezado desde lo más bajo y siempre salen a flote. Y mientras más descubres cosas nuevas en este país, más lo quieres.

¿Cómo superaste el asunto de la vida social, de la soledad, después de que estabas acostumbrado a tu grupo de amigos en Venezuela?

Eso ya lo había vivido cuando estaba estudiando aquí, entre 2006 y 2008. Aprendí a conllevar la soledad porque la soledad la define uno mismo. Puedes estar con gente y sentirte solo. Depende de ti. Por otra parte, este país te ofrece una gama de entretenimiento. No solamente un parque de Disney, como lo es en el caso de las personas que viven en Orlando. Tiene todas las facilidades como los campos de golf, los grupos culturales. Este país te ofrece de todo.

¿Cuáles son los aspectos que te gustan de los Estados Unidos?
¿Cuáles son los que admiras y cuáles cambiarías, si te fuera posible?

Me encanta que el ciudadano está orgulloso de su país. Que, a pesar de la mezcla de culturas de inmigrantes de todos los países del mundo, todos llegamos en igualdad de condiciones y si te amoldas a la cultura y a las leyes estadounidenses, vas a tener éxito.

Cualquier persona que salga de contexto, el sistema lo pone en su lugar sin menoscabar sus derechos. Recordemos que **estamos en una casa ajena.** También me gusta la libertad, los viajes por las carreteras, los paisajes, la seguridad, la gastronomía diversa, las amistades de varios países. Disfruto mucho que el ciudadano te respeta tal cual eres. No importa si vas en pijama a un Wal-Mart. La gente no te dice nada. No te juzga por ello. El ciudadano es muy educado. Te ayuda.

Lo único que no me gusta sería el individualismo. Cada quien está en su mundo por diversas razones. Todo tiene un costo. Los errores cuestan dinero. Tienes que ser muy precavido con lo que haces y dices, porque aquí las demandas, a veces por razones absurdas, son frecuentes.

¿Qué le aconsejarías a un empresario que quiera emigrar a los Estados Unidos?

Asesorarse muy bien con un buen abogado y un buen contador. Son tus aliados para este largo proceso que es la inmigración. Esto es un país en el que las leyes hay que cumplirlas. El Tío Sam va a ser tu socio de por vida y tienes que rendirle cuentas. Lo otro es asesorarse bien antes de abrir un negocio. Muchas personas, sobre todo latinos, te van a ofrecer maravillas de negocios y nosotros estamos acostumbrados a 50% o más de ganancia en cualquier negocio.

Aquí, si logras manejar un 8% o 10% de utilidad, es un excelente negocio. Aquí todo está inventado y, a veces, **lo más importante es no tratar de aplicar las ideas que fueron exitosas en tu país de origen.** No venir con ideas preconcebidas o tratar de inventar la rueda, sino hacer negocios acordes con la gerencia moderna: buen servicio, el cliente es lo primero, tecnología. No trasplantar la experiencia en Venezuela porque este es un mundo totalmente distinto. **Y si te aparece alguien con muy buenas ideas, pero sin dinero, ¡huye!**

Muchas personas gastan sus ahorros en casa, carro y otros bienes no imprescindibles, cuando lo primero es tratar de producir dinero y preservar tus ahorros. Tienes que tener un colchón de dinero para que puedas estar tranquilo en este país por un tiempo prudencial mientras llega la oportunidad de negocio. En resumen, consulte, consulte y vuelva consultar antes de tomar la decisión de comenzar tu negocio. En Venezuela estamos acostumbrados a tener negocios con ganancias extraordinarias. Y hay que insistir en que aquí los negocios tienen una ganancia discreta.

¿Has sentido discriminación alguna vez?

Nunca. Siempre me he hecho respetar y si veo algo que no me parece justo, hago mi reclamo. Aquí las personas saben que tenemos derechos y cuando escuchas de alguien que sufrió alguna discriminación es porque no se hizo entender o respetar. O no entiende este sistema. Aquí no puedes esperar a que la gente te entienda. Eres tú quien tiene que entender primero esta cultura. El americano es muy cuadrado a las reglas y no le gusta salirse de ellas. Si has tenido algún regaño o incomodidad de algún nativo, considera primero por qué se comporta de esa manera y ten paciencia. Y si consideras injusto el reclamo, haz valer tus derechos.

¿Qué cosas extrañas de tu país?

Desde los 27 años estoy aquí. He pasado acá casi siete años y de lo de allá, casi todo lo encuentras aquí. He encontrado muchas amistades, así como nuevas actividades, deportes, atracciones, viajes.

¿Te duele lo que está pasando en Venezuela?

¡Bastante!

Si las cosas en Venezuela cambiaran para bien ¿regresarías?

No. Ya tengo un recorrido en USA y decido quedarme. Pero sí contribuiría con cualquier apoyo que, desde aquí, pueda dar a Venezuela.

UN **TALENTOSO**
PERIODISTA
DEPORTIVO

Carlos Bohórquez
Comunicador social

Carlos Bohórquez es un exitoso comunicador que en Venezuela trabajó como narrador, comentarista y articulista en radio, televisión y medios impresos, en casi todos los deportes. Con un talento natural y cultivado en las áreas deportivas, destacó desde muy joven. En su tránsito como inmigrante, hizo muchas cosas para mantenerse y finalmente trabajar en lo que le apasiona. Es imposible conversar con Carlos y no salir más animado.

¿Qué hacías en Venezuela?

Desde 2001 comencé a trabajar en la radio. Desde joven siempre fui amante de los deportes y comencé a hacer comentarios en la radio deportiva. Y mi papá, que es periodista y locutor de radio y televisión desde hace cerca de 50 años, me daba oportunidades. Tenía un programa de radio y me invitaba. Me decía «vente, comenta conmigo».

Estaba estudiando ingeniería y decidí cambiarme para Comunicación. Me fui metiendo, poco a poco, aprovechando oportunidades en la radio. Participé en *Todo Deportes*, un semanario que se distribuía a nivel nacional. Trabajé en ATEL Televisión, donde hicimos transmisiones de todo tipo.

Después, en Radio Caracas, donde transmitía Fútbol de Salón. También estuve en una revista de motores de Venezuela, *Stop and Go Venezuela,* y escribí como tres años para ella, escribía de motociclismo, de automovilismo, siempre enfocado en el deporte. También fui productor de las transmisiones nacionales de Fórmula 1.

Luego, en el 2010, nos vinimos para acá.

¿Cómo una persona que estaba teniendo tanto éxito en Venezuela, con ese amor a tu profesión, decide venirse a los Estados Unidos?

Siempre en el área de la comunicación, enterado, te inquietan muchas cosas. Y desde siempre tuve rechazo por el sistema político venezolano. Sobre todo cuando fui a la universidad. Pues uno analiza más, aunque no esté en tu fuente. Pero *Periodismo* es una carrera humanista. Tienes que sentir la sociedad en la que estás y estar de su lado. Formar parte de ella.

Empezamos a hacer algunos trabajos a nivel de Social Media sobre el rechazo al sistema político del gobierno. Empezamos a hacer el trabajo más fuerte de lucha. Ejerciendo esas actividades, en una ocasión varias personas se acercaron a mí. Me agredieron y tuve que cerrar la oficina que tenía porque se metieron. Tuve problemas. Después en la casa recibí amenazas y fue ahí cuando dijimos «nosotros nos vamos».

Decidimos dar el salto y venirnos a Estados Unidos. Teníamos visa de turista y dijimos «vamos a estar allá un par de meses a ver qué pasa». Pero evidentemente la situación de Venezuela no cambió. Por el contrario, ha empeorado y esto es borrón y cuenta nueva.

Tenemos que empezar aquí donde estamos. Hacer nuestra vida. Puede ser que uno estaba teniendo éxito, creciendo, pero también hay que mirar un poco más. El dinero no vale más que la vida. ¡La vida es lo primero! Y si estás en peligro y también las personas que están contigo, definitivamente no puedes estar tranquilo.

Cuando te vienes a los Estados Unidos con tu esposa ¿ya tenías hijos?

Afortunadamente, por todo eso que pasamos, no teníamos hijos y no los tenemos todavía. Nos vinimos a Estados Unidos los dos solos. Mi esposa es una guerrera. Nos conectó ser los dos de espíritu luchador.

Empezamos a ver cómo nos adaptábamos a esta nueva sociedad. Nos dimos cuenta que teníamos que hacer cambio de switch. Absoluto. En todos los ámbitos de nuestra vida. Y lo comenzamos a hacer, especialmente en el aspecto económico, en la comodidad. Salir del círculo de confort y entender que lo que habíamos hecho en Venezuela tuvo valor y funcionó mucho tiempo, pero en esta sociedad llegas y simplemente no existes, como ocurre en muchos lugares del mundo. Hay personas antes que tú que han desarrollado un camino y también tienes que hacer esfuerzo, como lo hicieron los demás.

¿Por qué escogiste los Estados Unidos y no otro país?

Antes de vivir aquí, los Estados Unidos nos parecía un país progresista, donde las leyes se cumplían. Y ahora lo creemos más. Creemos que es un país justo en muchos aspectos. Siempre habrá diatribas, opiniones encontradas, pero creemos que es un país donde la ley es realmente ciega. La ley se cumple y es para todos. Sin importar quién seas, qué posición ocupes, cuánto dinero tengas o lo que hayas sido. Y eso es muy importante. No solamente que las autoridades hagan cumplir la ley, sino que las personas luchan porque se cumpla. Lo ves en la calle. Si te paras en la línea peatonal, las personas te hacen señas. Te dicen que te eches para atrás porque estás parado donde no debes.

Además de la conexión cultural que nos mantiene cercanos a nuestras raíces. Dar un salto a Alemania, lo he pensado por algunos momentos. Porque hay gente que dice que hay oportunidades. Pero no me veo viviendo en Berlín.

Estás trabajando en un área similar a lo que hacías en Venezuela. ¿Cómo llegaste a eso?

Siempre busco trabajar en lo que me gusta. Lo viví así cuando estaba en Venezuela. Cuando llegamos aquí, me doy cuenta que mi profesión puede ejercerse en diferentes lugares. Siempre que vayas conociendo la sociedad en la que estás, la puedes desarrollar. Afortunadamente para mí, al igual que mi esposa, que es Chef y diseñadora gráfica. Son profesiones que puedes ir adaptando.

En el caso del periodismo, la única barrera es el idioma. Si llegas a un lugar donde tienen el mismo idioma, puedes irte desarrollando porque básicamente se maneja de la misma forma en cualquier parte del mundo.

Cuando llegué no estaba seguro si iba a volver. No lo tenía muy presente porque tenía que sobrevivir de alguna forma. No sé qué va a pasar, vamos a ver qué pasa. Si tengo que comenzar una nueva carrera, la comienzo. En otra ocupación. Hacer algo diferente cuando me establezca. Cuando pueda conseguir documentación. Si tengo que hacer otra cosa diferente a lo que venía haciendo, lo voy hacer.

Durante año y medio estuve haciendo cosas completamente diferentes. Creo que me enriquecieron. Me ayudaron a adaptarme a la sociedad, a conocer la sociedad, a entender, a enfrentar. Y cuando venía la posibilidad de obtener permiso de trabajo, vi que había posibilidades de regresar a los medios y empecé a redactar mi resumen curricular al estilo americano.

La convicción de saber que, si quieres estar en un área, debes trabajar para estar en esa área. No solamente quererlo, sino tener convicción.

En Estados Unidos hay un organismo que te ayuda a buscar trabajo y te crea tu perfil. Voy para allá. Voy a conectarme. Siempre son importantes las relaciones y eso nos lo deja saber el *Social Media*. Las redes sociales. Tienes que conocer a alguien que esté en ese mundo y preguntarle cómo es. ¿Cómo aplica la gente para entrar ahí? No que te ayude, pero que te diga cómo aplica. Tienes que hacer ese trabajo.

Cuando no tienes trabajo, vas corrigiendo los detalles, porque te das cuenta que has aplicado treinta veces y nadie te llama. Vas buscando conexiones hasta que puedes llegar al punto. Y aquí estamos.

Quienes cuentan sus experiencias de inmigración comúnmente le dan un enfoque dramático. Lleno de sufrimientos, sinsabores, dolor. Pero también veo gente como tú. Pasan por el proceso, salen fortalecidos y terminan muy bien.

¿Cuáles son las cualidades, las actitudes o los valores que te ayudaron en ese proceso de transición, desde que llegaste a este país hasta alcanzar la posición en la que estás ahora?

Creo que el ámbito emocional, la estabilidad en la relación de pareja. Y también creer en la familia porque te hace solidificarte. Tener un lugar al que llegues. Y si estás golpeado anímicamente, sabes que te van recibir, a darte apoyo. Y del otro lado también. Tu esposa sabe eso cuando llegas a tu casa. En mi hogar, mis padres crearon un hogar con mi hermana que yo considero que es lo máximo en la vida. Unos seres maravillosos.

La resiliencia. Ver que en todo momento siempre hay algo positivo. Y aunque parezca negativo, hay que superarlo. **Todo lo que pasa nos va a enseñar algo, entonces vamos a aprender.** Desprendernos de los egos, del orgullo. Dejar todo a un lado y aprender que no tienes de otra. Aprendes o te mueres de hambre. Vamos a darle y ya no hay de otra. Y no ponerse con que yo allá era. Allá eras, pero aquí eres un pendejo ¡Dale!

Creo en la capacidad de relacionarse. Creo que es una virtud que tengo. Sé relacionarme. Aprendo a relacionarme. Trato de conocer a las personas y me relaciono. Eso me ha ayudado.

Si tuvieras el poder de cambiar algo a los Estados Unidos ¿qué le cambiarías?
¿Qué te ha chocado más y que te ha gustado más de este país?

Siempre hay cosas que uno dice «esto es como un poco raro». Todas las cosas que este país tiene es lo que lo han hecho como es, pero el consumismo es un poco abrumador. Vas al supermercado y no puedes comprar simplemente agua, sino que tienes que escoger entre 25 marcas. Mi esposa y yo a veces nos quedamos como «bueno, no vamos a llevar eso». No puedes comprar porque nada es pequeño. Todo es gigante.

También hay un punto en el que la tecnología ha sustituido, en gran parte, el contacto personal. Sobre todo, en el tema del servicio. Esa parte de humanismo se ha perdido un poco. Hay que regresar un poco a lo tradicional del contacto humano. Es una de las partes en las que yo lucharía para que se cambiara un poco. De resto, el sistema es complejo. Todavía siento que hay mucho que no conozco del sistema. Y decir algo más que debería cambiar, todavía no lo sé.

Me gusta el respeto de esta sociedad. Me parece que esta sociedad es respetuosa. Aunque, como en todos lados, siempre hay personas fuera de contexto. Eso es normal, siempre va a existir. Pero es un país donde la justicia es ciega. Las personas luchan porque sus valores se mantengan y la gente es muy orgullosa de lo suyo. Aquí las tradiciones son impresionantes. Me asombra cómo se celebran, cómo las tradiciones son tan valiosas.

¿Qué extrañas de Venezuela?

A mi familia más cercana. Por lo demás, a veces no sé si lo que viví en Venezuela todavía existe. Cargo esa duda. Cuando veo la Venezuela de ahorita, la que veo con un lente, lejos, no es la Venezuela en la que crecí, en la que me gradué. Entonces no sé si lo que extraño todavía existe. Extrañar algo que no existe es lo que me inquieta.

Y si regresara ¿con qué me conseguiría? No sé hasta qué punto pudiese ser lo mismo. Todo cambia, por supuesto. Ni siquiera la gente, porque la gran mayoría de las personas con las que uno en algún momento se pudo estar relacionando, ya no están en el país. No sé lo que extraño.

Amo mi ciudad, Maracaibo, pero a veces no sé qué extraño. Es muy subjetivo. En el caso de Maracaibo, una ciudad tan particular, tan humorista, de tanta jocosidad, de personas con tanta humildad. Creo que en esa parte sí siento a veces añoranza. Sobre todo en los momentos que uno considera especiales. Las navidades. Siento ganas de tener el poder de mirar por un huequito a ver qué está pasando. ¿Qué está haciendo la gente? ¿A qué huele por ahí? Creo que esas son las cosas que más extraño.

¿Qué te duele de Venezuela?

Me duele mucho que no hayamos aprendido de tantos errores. Me duele que añoremos la llamada Cuarta República[11], inclusive que justifiquemos la Cuarta República. Me parece otro error más. Eso me duele mucho porque la Quinta República no es tan diferente a la Cuarta. Con diferente gente, pero sigue siendo un sistema corrupto, un sistema judicial inservible, incluso inexistente por sus autoridades incompetentes.

Nos equivocamos. Nos hemos equivocado muchos años. Hay personas que han aprovechado esos errores y han catapultado sus éxitos. ¿Por qué seguimos? En vez de proyectar algo mejor, muchas veces estamos añorando lo que fue antes

---

11 *Cuarta República* es la denominación popular de la Venezuela democrática desde 1958 hasta la elección de Chávez en 1998.

del desastre de ahora. La Cuarta hizo desastre también. Es más, este desastre es producto del desastre anterior.

Me duele más, todavía, que nos hayamos tenido que ir tantas personas del país.

¿Qué le recomendarías a los inmigrantes que están llegando a los Estados Unidos?

Cuando me dicen que quieren salir de Venezuela a algún otro lugar, **lo primero que les digo es que se desprendan emocionalmente de todo.** De las personas, de lo material. Porque si estás en otro lugar pensando que quieres volver al lugar de donde viniste, nunca te podrás quedar en el nuevo. Tu mente está en otra parte. No te enfocas, no avanzas. Gastas tus energías.

Les diría que hay que ser respetuosos en el lugar al que lleguen porque no es el lugar de uno. Es el lugar de otras personas que te están permitiendo estar ahí. Hay que adaptarse en todos los aspectos. Y si es otro idioma, tienes que aprenderlo. Si se maneja por la izquierda, maneja por la izquierda, te guste o no. **Y deja de quejarte porque ahí se hace de otra forma.**

Tenemos que adaptarnos sin dejar atrás nuestras raíces. Nunca dejar atrás el idioma español.

Les diría que investiguen, que busquen amistades, conozcan más personas. Leyendo el periódico del lugar. Ese tipo de cosas que parecen básicas, pero que te hacen llegar a un punto bastante positivo.

¿Eres un hombre de más fe que cuando llegaste a los Estados Unidos?

Definitivamente. Mi familia dice que yo había sido un poco rebelde. En la parte de la fe también. En algunas cosas no tenía profundidad. Cuando salí, me di cuenta que hay algo más. Cada quien lo puede llamar como quiera. Lo puede ver de la forma que le parezca. **Hay algo más que lo terrenal.**

Es importante buscar un nido de fe porque en los momentos más oscuros, siempre recibes un mensaje. Sin saber cómo, a tu mente llegan enseñanzas que te iluminan el camino.

LA **CREATIVIDAD** COMO **FORMA** DE **VIDA**

Dharío Borges

Dhario Borges es original hasta en su nombre. Profesional creativo, gentil en el trato, culto en la palabra, destaca su nostalgia por Venezuela, aunque sin dejarse apesadumbrar. Sueña y trabaja para construir sus sueños y ayudar a otros a construir los suyos. Especialmente a otros venezolanos que transitan el exilio.

¿Qué hacías en Venezuela?

Estudié Administración de Empresas Turísticas y me desarrollé profesionalmente en la parte privada. Trabajé con una operadora turística en diferentes destinos, como el parque Nacional Archipiélago de los Roques; en campamentos en el estado Monagas, en el norte; y en el Estado Bolívar, al sur.

Luego fui contratado por la Corporación de Turismo del Estado Miranda, y trabajé con el gobernador Enrique Mendoza, donde pudimos desarrollar planes de turismo. Y, finalmente, decido incursionar como empresario en diferentes áreas de negocios, pero a raíz de la situación en Venezuela y, sobre todo, el problema de la inseguridad, decidí venirme con mi familia a los Estados Unidos.

¿Por qué escogiste los Estados Unidos?

Creo que los Estados Unidos es un destino natural para nosotros. Todos tenemos un familiar, un tío, un primo, un amigo. En el caso de mi familia, yo tenía tres tías en Miami y unos compadres en Orlando. Lo pensamos muy bien, a nivel familiar, sobre todo por nuestros hijos, que queríamos que todavía siguieran en contacto con sus familiares. Recuerdo que visité a mi mamá, que en paz descanse, y le dije «mamá, me voy a Estados Unidos».

Ella tenía conocimientos en el área migratoria, a nivel de sociología, y me dijo que uno de los factores fundamentales de éxito de las familias que emigran, es que estén juntos. Eso le da fuerza espiritual y apoyo mutuo. La familia, esa fue la razón principal por la que nos vinimos a este país.

¿Qué tipo de dificultades conseguiste al llegar a los Estados Unidos?

Hicimos un plan hasta llegar a Estados Unidos. Pero no para después de estar aquí. Nos agarró un poco desprevenidos. Teníamos que empezar a producir dinero. Me vine con un proyecto de agencia de publicidad por internet, y lo comenzamos a trabajar. Teníamos varios clientes, desarrollamos varias actividades, pero quería conocer el mercado local. Conocí a un joven venezolano con quien me asocié y montamos una empresa en el área de diseño gráfico e impresiones.

Después nos dimos cuenta de que él quería dedicarse más a la parte de producción y yo a la parte de diseño. Nos separamos y cada quien comenzó a trabajar por su cuenta. En ese momento me asocio con uno de los proveedores más grandes. Me pidió que lo apoyara, que necesitaba un gerente operativo. Lamentablemente fue una estafa fuerte. Nos quitó el dinero que habíamos traído de Venezuela. Nuestros ahorros. Perdí mi carro y la compañía tuvo un problema legal. Tuve que afrontarlo. Tuve que ir a la Corte, sin ser mi culpa. Afortunadamente, salí airoso de ese asunto.

¿Qué otras dificultades tuviste?

Trabajé seis años en la gobernación del Estado Miranda y tuve un secuestro político. Enrique Mendoza era un serio opositor del gobierno chavista. Me secuestraron los chavistas. Estaba trabajando muy fuertemente y por más que tenía un cargo técnico, me involucré mucho. Sentía que necesitábamos hacerlo para luchar contra el régimen de los chavistas. Estaba afectándonos tanto y gracias a eso presenté mi caso de asilo político.

Nos vinimos bajo la figura de asilo político. Fue bastante fuerte porque mi caso era bien extenso. Estuve muy ligado a la política en los años 97 y 98, trabajé en contra de la campaña de Chávez. Con el partido Acción Democrática me vinculé a varias actividades, por lo que me tocó viajar por el país dictando la charla «Turismo y Libertad», sobre la relación del turismo con la democracia y la libertad. Y sobre cómo la llegada de un gobierno dictatorial iba a afectar al país y a la actividad turística.

Estando en Estados Unidos muere tu mamá, en Venezuela.

Fue hace tres años. Es lo más fuerte que he vivido acá. Mi mamá venía sufriendo de artritis reumatoidea y venía desmejorando. Se vio afectada por los problemas de abastecimiento de medicinas en Venezuela. Eso hizo que su deterioro se incrementara y fallece.

Cuando estás bajo la figura de asilo político, no te impiden ir, pero no te aseguran que puedas volver a entrar al país. Por mi familia, por mis hijos y por el gran apoyo que tuve de ellos, decidí no ir. Me tocó enterrar a mi mamá por internet. Fue fuerte. Hablando con varios amigos, les ha tocado lo mismo. Enterrar a sus padres sin poder estar en Venezuela.

¿Qué te ha ayudado a conseguir el éxito en los negocios?

El valor fundamental es la familia. El compromiso que tienes todos los días cuando te levantas. Saber que tienes que traer el sustento a tu hogar es un compromiso ineludible y te da fortaleza. Me ha ayudado a entender como ser humano y como inmigrante.

Mi familia me da la fortaleza para seguir. Tengo la «**teoría de la bicicleta**»: **hay que seguir pedaleando**. Siempre lo digo en mis correos. «Seguimos pedaleando» porque la perseverancia es la clave.

En una entrevista que le hicieron a Armando Manzanero, le preguntaron cuál había sido el secreto de su éxito. «De verdad, no sé. Lo único que sé es que me levanto todos los días a las cinco de la mañana. Me pego un baño y la suerte me está esperando en la calle».

¿Cómo te sientes en los Estados Unidos? ¿Qué te gusta y que no te gusta?

En los Estados Unidos tengo una sensación dual. Te levantas una mañana y ves que esta es una sociedad paisajista. Sales y tienes los lagos, la grama y todo es muy bonito. Pero tienes que luchar con una nostalgia que vive en ti todos los días.

La nostalgia la aprendes a llevar contigo. Hay quienes dicen «Ni me hables de Venezuela porque eso ya pasó». Pero desde mi experiencia personal, considero que es imposible desprendernos del ombligo que es nuestro país.

Vivimos pendientes de las noticias, de lo que está pasando en Venezuela.

El detalle está en cómo logras superar y decir «tengo una realidad que afrontar en Estados Unidos, donde vivo. Tengo a mi familia, donde me desenvuelvo». Pero siempre le digo a la gente «**Yo vivo en dos países**». Me levanto y lo primero que hago es ver las noticias de Venezuela. Cómo va todo. Arranco mi día. Me meto acá, en los Estados Unidos, y en cuanto regreso a mi casa, vuelvo a chequear y ver cómo va toda la situación de Venezuela.

¿Cómo me siento en los Estados Unidos? Yo no pertenezco a este país. Yo estoy aquí por una circunstancia. De hecho, tengo el «**Proyecto Vuelta a la Patria**», fundamentado en el poema de Juan Antonio Pérez Bonalde.

Creo que, como venezolanos, tenemos el compromiso de reconstruir el país. El país que me dio todo lo que soy, todo lo que hago, sin caer en extremos chauvinistas. Pero sí con comprensión.

Y es lo que le hablo a mis hijos. No podemos renegar de dónde venimos. Me parece espiritualmente muy triste que tengas que renegar de dónde vienes. Es tu esencia. Es lo que eres. Y por eso he decidido este proyecto.

Háblame de tu proyecto.

Cuando llegué, en 2010, me dije «Necesito hacer algo por Venezuela». Año a año, veía avanzar el deterioro del país. Empecé a indagar y existe un proyecto en el primer gobierno de Caldera. Se hizo una estrategia para llamar capitales intelectuales a que regresaran al país. Para que ayudaran en la reconstrucción después de todo lo que había pasado.

Inspirado en el poema de Pérez Bonalde, en el que recita su regreso después de diez años en el exilio, describe su llegada al puerto de La Guaira.

He conversado con diferentes personas a través de Facebook. La idea es que quienes quieran aportar algo para reconstruir a Venezuela, comiencen a colocar diferentes actividades, diferentes proyectos, diferentes sueños. Y que en algún momento podamos ejecutar este proceso de reconstrucción del país.

De las cosas buenas que hay en Estados Unidos ¿qué podemos modelar para Venezuela? Para desarrollar el país como lo queremos. Un país profesional, equilibrado, con oportunidades de trabajo, con ambiente idóneo para criar a tus hijos. Para tener un país decente, un país con valores, con educación, con formación. Eso es lo que quiero hacer.

Igualmente me he involucrado con otros proyectos. La agencia que tenemos está representando a un artista venezolano, Jesús Chúo Ruiz y la canción que acaba de sacar se llama «**Una sola Venezuela**». Le sugerimos crear la fundación «Una sola Venezuela» y la estamos desarrollando.

Una de las cosas que entendí es que tenía que llenarme de proyectos, de sueños, porque **cuando nuestra capacidad de soñar está activada, tienes compromisos.** En noviembre de 2016 viajé a Panamá para llevar a mi hija, que le gusta pintar. Le había regalado uno de los documentales sobre Carlos Cruz Diez, y después de ver el documental le pregunté si quería conocerlo. Me dijo que sí.

Escribimos al Taller Articruz. Pedimos una visita guiada que incluyera conocer al maestro. Toda la vida había querido conocerlo. Una maravillosa persona de 94 años. Me dio un abrazo muy fuerte y una de las cosas que me ratificó fue el tema de los sueños. Nos preguntó cómo nos iba en Estados Unidos y dijo que sus sueños siempre lo están acompañando. Que tiene sueños para los próximos cincuenta años porque «si yo no los cumplo, mis hijos y mis nietos sí los van a cumplir».

¿Tienes un mensaje para los venezolanos que están llegando?
¿Una recomendación? ¿Algo que pueda serles útil?

Tengan paciencia y orden. Hagan las cosas como se hacen en este país. Con orden, disciplina y perseverancia pueden lograr muchas cosas. Cuando lleguen, traten de apoyarse con gente que ya esté establecida. Imagínense que están en un naufragio. El barco se está hundiendo. Si puedes llegar a los botes salvavidas, te puedes salvar. Pero si tratas de anclarte al que está agarrado a una tablita, al que todavía no está en el bote, se hunde él y tú también.

Una de las cosas que he visto en los Estados Unidos, es que la gente trata de aferrarse a cualquier persona. Y hay personas que todavía están buscando su propia supervivencia. Y se hunden los dos. Busquen a la gente que esté más establecida. Que tiene más soporte para ayudar.

«ME **TOCÓ DORMIR** EN **UN CARRO** CON **MI HIJA**»

Aura Elisa Romero

Abogada venezolana
radicada en USA

Elisa es franca, decidida y con humor espontáneo. También es valiente y haría cualquier cosa por su familia. La representación genuina de la venezolana que sabe superar adversidades y excelente ejemplo de una persona resiliente.

¿Cómo era tu vida en Venezuela?

En Venezuela me gradué de abogado. Tuve a mi hija y decidí dejar a un lado la profesión para dedicarme a su educación. Debido a que había nacido prematura, tuvo ciertos problemas y necesitaba a su mamá en casa. Cuando estuvo preparada para ir al colegio, retomé mi carrera, pero mi horario de trabajo fue en función de mi hija y de mi esposo.

Llegué a Estados Unidos en 2014.

¿Por qué te viniste a los Estados Unidos?

Tuvimos razones políticas, sociales y familiares. Empezó un panorama caótico en el trabajo de mi esposo, porque la empresa donde él trabajaba fue comprada por gente del gobierno. Pasó de empresa privada a propiedad de testaferros del gobierno y decidimos que era el momento de retirarnos por el cargo que él desempeñaba en esa organización. Trabajó por siete años allí y nos vimos obligados a dejar el país y a empezar de cero. Ambos abogados, pero con el ánimo de que nuestra hija pudiese crecer libre, tranquila y que se sintiera orgullosa de vivir la experiencia de lo que era volver a comenzar de cero.

¿Por qué escogieron la ciudad de Orlando?

Por motivos legales. Elegimos la ciudad de Orlando porque sabíamos que en la Florida había suficiente jurisprudencia para los asilos políticos. Habían tratado todos los asilos políticos cubanos, nicaragüenses, a diferencia de otros Estados donde, aunque hay una alta población latina que ha aplicado asilo político, no estaba esa jurisprudencia. Y el sistema legal de los Estados Unidos está basado en una incidencia sumamente alta en la jurisprudencia.

¿A dónde llegaste cuando estuviste en Orlando?

Tenía a una amiga y me dijo que vivía en Maitland, una ciudad vieja, pero los colegios son buenos. Es tranquilo y creo que te puede gustar, me dijo. No lo pensé dos veces. Llegué y me fui a Maitland.

Ella tenía siete meses de embarazo y me ayudó hasta donde pudo. Entendía que físicamente tenía limitaciones y traté de buscar el mismo colegio de su hijo. Y así empezó mi búsqueda de apartamento. Empezaron a pedirme un montón de papeles que no tenía.

¿Cómo solventaste esa situación?

Logré obtener un apartamento. Le dije a toda mi familia que me depositarán en mi cuenta bancaria, porque necesitaba que los arrendadores vieran que tenía mucha plata y evidenciaran por lo menos dos años del alquiler del apartamento.

¿Cómo resolviste el problema del carro?

Todo se había hecho para alquilar un carro por un mes, cosa que es un error porque estás erogando mucho dinero sin necesidad. Pero dando chance a que mi esposo llegara para que escogiese el carro. Hubo problemas y su venida se extendió un poco más. Surfeé páginas web, visité concesionarios de carros usados, pregunté millaje, si frenaban o no y, con mis pocos conocimientos de mecánica, compré un carro.

Tienes casa, tienes carro, tu hija está en el colegio. ¿Cuál fue el próximo paso?

¡Conseguir trabajo!

¿En qué trabajaste?

Tardé cuatro meses para conseguir mi primer trabajo. Por lo que durante ese tiempo subsidié comida, alquiler, medicinas, eventualidades, pago de seguro de vehículos. Insertarme al sistema. Mi amiga de Maitland me dijo que una conocida acababa de dar a luz y podía decirle si yo le cuidaba al bebé. Fueron otros angelitos que Dios me puso en la vida. Una familia hermosa. Cuidé esa bebé. Mi bebé desde los seis meses hasta los dos años y ocho meses.

¡Babysitter! (Niñera). Tuve la suerte de no empezar ganando $8 la hora como todo el mundo, sino que me pagaban la hora como si yo estuviese de secretaria, recepcionista. Es una familia espléndida, aunque el trabajo tenía sus matices. La familia viaja, tú no trabajas. Yo me enfermo, yo no trabajo, tampoco me pagan. Pero mi hija no tenía colegio, entonces yo me la podía llevar.

¿Tu marido ya estaba instalado?

Mi esposo llegó después del mes y consiguió trabajo a los seis meses. Fuimos a buscar trabajo juntos y nos rompieron el currículo en la cara. Una empresa que supuestamente contrataba inmigrantes. Salimos desmoralizados. Por fin, él consiguió un primer trabajo.

¿Les rompió el currículo?

Mi experiencia en recursos humanos en Venezuela era presentarme con una hoja de vida, muy sencilla, y cuando se la mostramos al entrevistador, reclutador o *Recruiter*, como le dicen aquí, nos los rompió y nos dijo que esto no lo podíamos mostrar. Que nos fuéramos. Que ellos no contrataban abogados.

Nos fuimos. Una persona nos ayudó y nos envió a otra empresa. Y mi esposo comenzó a trabajar. Teníamos horarios distintos. Mi esposo trabajó de madrugada. Después consiguió trabajo en un hotel donde se lesionó y estuvo dos meses sin caminar. Después estuvo en un *junkyard*, que se incendió a la semana de él entrar a trabajar. Y después comenzó a trabajar en el área de aires acondicionados, pero casi se cae de una azotea. Entendió que no era lo de él. Ya teníamos los papeles en regla en este país y como habíamos cambiado uno de los carros por un vehículo nuevo, comenzó a trabajar como taxista.

¿Cuáles fueron las fortalezas que permitieron superar esos obstáculos?

¡Dios! Fuimos suficientemente responsables al tomar la decisión de venirnos a este país con Dios por delante. Al empezar a ver que el dinero que habíamos ahorrado durante el matrimonio, se había acabado, empezamos a buscar comida en las iglesias (Llanto).

La primera vez que fui a una iglesia a buscar comida en calidad de católica, me sentí tan mal. El venezolano no está acostumbrado a pedir. El venezolano está acostumbrado a dar. La naturaleza de mi familia siempre fue ayudar y no me encajaba el sentimiento de sentirme socorrida.

Las empresas donan alimentos por solidaridad y porque es una manera de reducir impuestos. Pero en ese momento no lo veía así. **Caridades Católicas** me abrió las puertas a este mundo, donde si necesitaba pagar la renta y no tenía dinero, ellos nos podían ayudar. Si necesitábamos comida, podíamos ir una vez al mes, y ellos nos daban carne, pollo, huevos, leche.

Era una manera de ayudarnos. Ellos mismos te entregan una hoja que vale oro. Todavía la conservo. Un listado de todas las iglesias, los horarios. Con las amigas que fuimos haciendo, lo que hacíamos era que unas estábamos en el condado de Seminole y otras en el condado de Orange. Había unas iglesias a las que no podía asistir porque era del condado de Orange y viceversa. Ellas me colocaban como autorizada. Cada 15 días asistíamos a una iglesia en la que nos daban legumbres. A la semana siguiente íbamos a otra donde nos daban pollo, carnes, queso.

Después descubrimos un sitio maravilloso donde llevaban todas las cosas de Wal-Mart, de Publix y otros supermercados. Cajas de cereal que tenían golpes o estaban próximos a vencerse, shampoo, talco, enjuague. Todo lo venden, pero a centavos. Te registras y empezamos a ver otra cosa. En mi país la gente muere de hambre y aquí, sin tener papeles ni nada, me dan comida. Si necesitaba camas o muebles, me daban camas y muebles.

Esas ayudas llegaron después de que había gastado todos mis ahorros. A veces el ser humano necesita tocar fondo. Y después que tocas fondo, tienes dos opciones. O te quedas allí o subes. Y eso fue lo que hicimos. Seguir adelante.

¿En qué sentido te sientes distinta después de estas experiencias?

Soy tan distinta que siento la obligación –ni siquiera la misión, sino la obligación– de ayudar a todo el que llegue a este país. Es algo que no veo como un trabajo. Es algo que no me fastidia. No quiero que nadie pase por lo que yo pasé. No quiero que estén durmiendo en un carro porque todavía no tienen casa. No quiero que pasen hambre.

¿Te tocó dormir en un carro?

¡Me tocó dormir en un carro! A la amiga que me ofreció su casa primero le dije que cuando decidí venirme a este país, no vine pensando en su casa. Vine pensando en un hotel. Pero la venta del inmueble en Venezuela se complicó. Y cuando empecé a echar números me dije que no podía gastarme el dinero en hotel. Acostaba a mi niña en la parte de atrás de la camioneta y cuando amanecía íbamos a casa de mi amiga y me daba un baño.

Mi familia llamaba desde Venezuela ¿Cómo están? ¿Están bien? Era la primera de mi familia que emigraba con una hija. Por mi carácter, sabían que no me iba a dejar derrotar. Pero temían por mí, por esa misma manera de ser.

Llegué a un apartamento que aquí llaman «Condo», que fue donde metí todos los papeles. Todo los que reuní. Las constancias y lo que me pidieron. Le llegué al gerente y le dije que en mi país dicen que el que quiere besar, busca la boca. Le dije «deme la mano». Y el americano quedó impresionado. Lo saqué de su oficina y le dije ¿usted ve esa camioneta? Ahí es donde estoy viviendo. Estoy *homeless*. Sin hogar. ¡Deme un apartamento! Tenemos negocios en Venezuela. No le voy a dejar de pagar su renta. Parte verdad. Parte mentira. Audacia. No sé. Y el señor me dijo «el martes se muda».

¿Qué hacen ustedes en «Las Avispitas»?

A raíz de esta obligación, nos hemos reunido para ayudar a todas las personas que van llegando. Somos tres y tenemos funciones específicas. Tenemos la avispita madre, que se encarga de organizarnos a las otras dos avispitas. Me encargo de buscar la gente. La avispa Patricia se encarga de buscar lo que necesita la gente y Mara, la avispita madre, se encarga de buscar cómo transportar las cosas.

Gracias a Dios, hemos podido ayudar a varias familias. Hay un momento en que baja. Nos organizamos. No tenemos la infraestructura para ayudar todo lo que quisiéramos, pero todo granito que podemos siempre lo vamos a poner.

En este momento estás trabajando en un bufete de abogados.

Aquí los llaman *Law Firm*. Me siento feliz. Estoy en mi área nuevamente, aprendiendo muchísimo. Estoy en el área de accidentes de vehículos. Todos los días es un nuevo reto. Nuevas leyes para mí. Nuevos procesos, procedimientos. Nuevo ambiente de trabajo. Nueva vestimenta. Es volverte a vestir para ir a trabajar. Es volverte a maquillar y ver el brillo de mi hija en sus ojos cuando me dice «mami, ya trabajas de abogado otra vez». «Mami, yo quiero ser abogado también». «Mami, yo quiero estudiar en Harvard».

¿Qué proyectos, qué sueños tienes para el futuro en este país?

Me encantaría hacer la reválida de abogado. No montando un bufete. No. Es simple y llanamente por ese mismo estímulo. Quién quita y termino estudiando con mi hija. No lo sé. Sería espectacular que estudiáramos las dos juntas. Solo Dios sabe. Pero sé mantener mi familia junta. La felicidad de mi hija. La tranquilidad de mi esposo, de mis padres y que no solo mis hermanos, sino que muchos de los que están en el proceso de emigrar se den cuenta que todos pasamos por verdes, pero las maduras siempre llegan. Mientras obres bien, actúes bien y vayas de la mano de Dios, todo va a salir bien.

¿Qué extrañas de Venezuela? ¿Qué te duele de Venezuela?

Me duele su situación. ¿Extrañar? No, porque lo que yo extraño, lo extraña mi familia y todos los que están allá. Extrañamos la Venezuela próspera. La Venezuela petrolera. La Venezuela donde todo estudiante soñaba con ser profesional, con tener postgrado o destacarse. Con trabajar en industrias petroleras. O en la Universidad del Zulia, que era la Universidad magna de mi ciudad.

EPÍLOGO

¿CUÁL ES EL **FUTURO** DE **VENEZUELA**?

Ángel Lombardi
Historiador y escritor

En agosto de 2017, la Venezuela opositora heroica llegó a cerca de cuatro meses de intensas protestas a lo largo del territorio nacional, con más de un centenar de venezolanos asesinados, la gran mayoría jóvenes, centenares de heridos y de detenidos por la represión de la Guardia Nacional y de la Policía Nacional Bolivariana.

Las protestas pacíficas solo aspiran el supremo e institucional derecho consagrado en nuestra Constitución de cambiar de gobierno mediante el voto, con la supervisión de la veeduría internacional, porque el Consejo Nacional Electoral es un apéndice sumiso y obediente del Ejecutivo. La liberación de los presos políticos y la apertura de canales humanitarios ante el hambre y la falta de medicamentos, son otras de las aspiraciones legítimas del pueblo venezolano.

El régimen chavista es insostenible. En lo social, con un rechazo del 90%. En lo político ha perdido el apoyo de muchos países que la chequera petrolera compraba y hoy no puede. Con aislamiento internacional, divisiones internas en el chavismo, falta de liderazgo y una intensa movilización de calle.

La única manera que el gobierno tiene para mantenerse es profundizando la represión. Pero el pueblo ha perdido el miedo y cada día se ven señales inequívocas de desmoronamiento del régimen.

No podemos descartar que tenemos un escenario de grandes riesgos que pueden conducir al país a una situación incontrolable de violencia, pues hay muchos odios acumulados. El cambio de gobierno es condición necesaria para resolver el problema, pero los siguientes pasos deben ser salidas civilizadas que busquen la estabilidad y luego la reconstrucción del país, con la condición indispensable de juzgar y castigar a los jerarcas, civiles y militares, así como a todo culpable de delitos, crímenes de corrupción y de lesa humanidad. Para el resto, reconciliación.

Como dice la periodista y escritora venezolana Milagros Socorro, «Debe haber justicia y reparación, no revancha. El liderazgo tendrá que dar el ejemplo. En todos los sentidos, los líderes políticos, religiosos, académicos, empresariales, intelectuales, comunitarios... podrán reencauzar las energías. Hay mucha ira contenida, mucha frustración por la burla, hay mucho dolor».

En Venezuela, un camino conduce a la perpetuación de la dictadura militar, ya no disfrazada como la que vivimos, sino una dictadura al descubierto. El otro es el final obligado del régimen por la fuerza. El tercer camino es una transición negociada. En este último escenario, la comunidad internacional tendría un importante papel de negociación. Los países de nuestro continente saben que la consolidación de la dictadura chavista en Venezuela constituye un problema para ellos, por la oleada de inmigrantes con sus necesidades a cuestas que cada día llenan sus países. Además, serviría de incentivo al populismo dormido, agazapado en los países latinoamericanos. Para ellos, Venezuela es un problema que ya no pueden ignorar.

Una investigación publicada recientemente por el Centro para Estudios Estratégicos e Internacionales de Estados Unidos, sobre el impacto que tendría el colapso de Venezuela en sus países vecinos, especialmente para Colombia, resalta dos aspectos: el humanitario y la seguridad.

La actual migración precipitada de venezolanos hacia Colombia y otros países vecinos –Perú, Brasil, Ecuador y, más allá de la vecindad, Argentina y Chile– en busca de mejores condiciones de vida, pudiera desatar una crisis humanitaria, sobre todo en Colombia, sumado al gran número de colombianos que han vivido en Venezuela desde hace décadas y que regresarían a su país natal.

No es alarmista pensar que Venezuela representa un problema para toda América. Porque, además, la instauración definitiva de una dictadura en Venezuela, con presencia de guerrilleros desplazados por la política de paz de Colombia, en convivencia con terroristas y narcotraficantes, sería un verdadero peligro para el mundo occidental.

En un artículo de junio 2017, se hace mención a la necesidad de una intervención internacional en la crisis de Venezuela:

«La comunidad internacional también tiene la responsabilidad de proteger al pueblo de Venezuela y responder de manera urgente a su crisis económica y humanitaria.

Además, en 2005, las Naciones Unidas adoptaron la doctrina de la "responsabilidad de proteger", que se basa en las obligaciones legales internacionales que establecen que cada Estado tiene el deber de proteger a sus ciudadanos de las atrocidades masivas. Por lo que, si un Estado está cometiendo atrocidades, la comunidad internacional debe responder, incluso a través de la acción del Consejo de Seguridad, si es necesario.

Por sus estrategias políticas, Nicolás Maduro ha fomentado y está magnificando dramáticamente la gran tragedia humanitaria de Venezuela, lo que podría considerarse como crímenes contra la humanidad por generar intencionalmente sufrimientos o muertes.

Mientras la Organización de Estados Americanos se enfoca en abordar la crisis política en Venezuela, las Naciones Unidas y el mundo deben presionar a Maduro para que les permita a los extranjeros aliviar el sufrimiento del pueblo venezolano y enviar una señal inconfundible de que la ejecución de atrocidades masivas tendrá graves consecuencias.

Venezuela forma parte de la Corte Penal Internacional que tiene jurisdicción para investigar, procesar y encarcelar a cualquier persona que cometa crímenes de atrocidades masivas dentro de sus fronteras. Por lo tanto, su fiscal, Fatou Bensouda, debe abrir de inmediato una investigación sobre la conducta de Maduro y otros altos funcionarios del gobierno, con el fin de determinar si han incurrido en crímenes contra la humanidad».

A pesar de la asfixia y de la violencia que durante casi 20 años el chavismo ha mantenido contra el pueblo venezolano, hemos demostrado que somos un pueblo tolerante, paciente, pacífico. Que creemos en salidas democráticas. Creo que este es el camino viable para recuperar el país. No podemos transformar el país en una Siria. Freír cabezas no es la salida.

Durante dos décadas de dictadura, muchos venezolanos inmigrantes han creado fuertes raíces en sus países hogares. Bien sea porque sus hijos han nacido y han sido criados fuera de Venezuela. O porque tienen empresas o empleos estables, lazos sociales fuertes, razones que hacen difícil su retorno a Venezuela. Aunque es posible que una política de incentivo al retorno a la patria por parte del nuevo gobierno. Con un Estado que cree confianza, seguridad jurídica con respeto a la propiedad privada, seguridad personal, incentivos para la adquisición de viviendas, empleos bien remunerados o facilidades de créditos. Así como con bajas tasas impositivas y baja inflación. Con un Estado promotor que reemplace controles por estímulos y devolución de lo expropiado, podría estimularse el retorno.

Aunque está destruida, Venezuela tiene ventajas y recursos para reconstruirse. Y estando todo por hacerse, las oportunidades especialmente para la gente joven son inmejorables, siempre y cuando el país ofrezca garantías.

Más temprano que tarde, Venezuela recuperará su armonía. Habrá paz, buscaremos soluciones concertadas, tendremos élites valientes y honestas. Y esta etapa oscura de nuestra historia solo servirá como pedagogía social para apreciar y amar más a nuestro país. Y para ser un mejor país. Este vacío de poder que Venezuela vive es la oportunidad para el surgimiento de nuevos liderazgos que reconducirán a nuestro país.

Es parte de la visión compartida con el Dr. Ángel Lombardi, historiador y escritor que cursó estudios de doctorado en Historia, en la Universidad Complutense de Madrid, y en La Sorbona, París. El Dr. Lombardi es y ha sido rector de varias universidades venezolanas. Una de las mentes más lúcidas y una de las personas más honesta en su quehacer social, político e intelectual.

¿Cuáles son las perspectivas de Venezuela?

Como historiador, veo el futuro como ciclos. Todas las sociedades, en todas las épocas, han pasado por ciclos. Eso está en la Biblia. Los siete años de las vacas gordas y las vacas flacas.

En el siglo XVII, Giambattista Vico, filósofo, historiador y jurista italiano, habló de la «teoría de corsi e ricorsi», pues siempre hay avances y retrocesos. Después, unas teorías más elaboradas entre los siglos XIX y XX, que hablaban de la dialéctica y los ciclos, terminaron siendo estudiadas por las Ciencias Sociales. Los economistas han establecido ciclos de crisis cada 50 años, cada 25 años, cada 12 años, cada 8 años. Hay toda una explicación económica al respecto. Los sociólogos han identificado estados de anomia o anarquía, ciclos de crisis y periodos de soluciones a la crisis. Los historiadores están acostumbrados a ver permanentemente lo que llamamos el tiempo presente y el tiempo largo o de larga duración.

En el caso venezolano, lo que está sucediendo de alguna manera era previsible. Fue previsto por las mentes venezolanas más lúcidas. Lo que pasa es que, como siempre ha sucedido, a nadie le gusta que le profeticen el futuro negativo. Los profetas no son populares. Pero lo que estamos presenciando desde hace 40 años es un ciclo de agotamiento del modelo petrolero.

En Venezuela, los últimos 100 años tienen que ver directa o indirectamente con el petróleo. Por eso Betancourt tuvo un gran acierto cuando tituló su libro *Venezuela, política y petróleo*. Eso no ha cambiado. Más que nunca giramos en torno al petróleo. Este modelo es insostenible en el tiempo. El petróleo nos hace depender de un solo producto y de circunstancias internacionales que el país no puede controlar. Te obliga a ciclos de crecimiento y de contracción.

Si hubiéramos sido previsores, como le recomendó Juan Pablo Pérez Alfonzo, habríamos creado el Fondo Macroeconómico, que era el ahorro en la abundancia para los momentos de escasez. Y si lo hubiésemos utilizado bien, no estaríamos confrontando estas dificultades, en términos económicos, por lo menos. Lo que están haciendo los noruegos y los escoceses.

Era previsible una crisis histórica del modelo petrolero de hace 40 años. Tenemos una crisis social porque cuando la economía funciona mal, lo social funciona mal. La política, como expresión de lo socioeconómico, terminó funcionando mal porque no logró o no logramos generar las respuestas adecuadas. Y las respuestas del cambio que provocamos eran totalmente ilusiones. Tan ilusorio era pensar que eligiendo a Irene Sáez resolveríamos nuestros problemas, como eligiendo a Chávez.

Allí se expresó la «irresponsabilidad nacional» o la «banalidad nacional», al pensar que una Miss o un cuartelario eran la solución. Cuando en el mundo moderno, en el siglo XXI, la gerencia y las administraciones son básicamente el acto de gobierno.

Lo que pasa es que nadie anticipa las enfermedades y cuando te advierten que te vas a enfermar porque estás comiendo demasiado dulce, no te gusta la noticia hasta que te agarra. Entonces se habla de mala suerte.

Nos agarró una enfermedad anunciada y hemos sido muy torpes en el manejo de la solución, precisamente porque nuestras élites se acostumbraron al modelo petrolero y no han sido capaces de crear una respuesta más eficiente, en un país que cada día va a depender menos del petróleo. Estoy hablando de las próximas décadas.

Es el diagnóstico. En cuanto al futuro, las sociedades no se suicidan. Venezuela tiene un excelente futuro como lo tuvo Chile, a pesar de sus problemas con Allende y Pinochet. Como lo tiene Perú. Como lo tuvo Colombia. Nos vamos a recuperar, sin lugar a dudas. El drama es que no sabes ni cuándo ni cómo. Los apurados piensan que va a ser de hoy para mañana y los que tienen un poquito más de paciencia saben que esto tarda. Estos son procesos que pueden tardar años.

En lo personal, en los últimos años he apostado porque el modelo chavista es un modelo totalmente fracasado. Como gobierno, está agotado y en cualquier momento sabremos encontrar la respuesta sustitutiva. Lamentablemente, la oposición no ha estado a la altura de su responsabilidad.

El 6 de diciembre de 2015 dimos una impresionante demostración política al obtener una mayoría determinante de la oposición en la Asamblea Nacional y la respuesta del 2016 fue una oposición dividida. Cada quien pensando en su candidatura presidencial o en sus futuras candidaturas. Parte del éxito del gobierno en permanecer en el poder no es tanto mérito propio, sino torpeza de la oposición.

Tanto el contexto internacional y latinoamericano, como la situación venezolana, nos están llevando inexorablemente a las puertas de un desenlace a la crisis que deseamos con el menor costo en violencia posible. Pero esto tiene solución y el país se va a recuperar porque sus potencialidades, como todo el mundo lo reconoce, están establecidas de manera objetiva.

Cuando uno escucha o habla con la gente que maneja la macroeconomía, se da cuenta que este es un país que, con las medidas adecuadas y en uno a tres años, puede empezar a funcionar bastante bien. Para recuperar plenamente la sociedad, el proyecto salud, el proyecto educación, el proyecto clase media y el proyecto democrático, van a llevar más tiempo. Pero lo importante es la marcha hacia adelante. Y eso da aliento y esperanza.

En cambio, cuando notas que estás estancado o vas hacia atrás, evidentemente hay desaliento. La sociedad venezolana tampoco se puede generalizar. Una cosa es la conducta de unas élites que, aunque en privado se identifican con la oposición, siguen haciendo negocios con el gobierno y no son sinceros porque siguen apoyando al sistema y al régimen.

Las élites emergentes son básicamente las nuevas generaciones que a mi juicio han entendido muy bien que el país no puede seguir transitando el viejo modelo rentista, y cuya creatividad tiene que ponerse por delante

Mucha de esa gente se ha ido. Se habla de dos millones. Mucha gente joven, competente. La esperanza es que muchos de ellos regresen. Quizá algunos aún no regresen, por sus intereses económicos o de otro tipo, pero pudiesen estar cabalgando entre Venezuela y otro país donde se hayan asentado. Pero siempre va a haber generación de reserva que va a asumir las tareas.

Los pobres han vivido siempre a nivel de subsistencia. Se han acostumbrado al Estado providencialista. Hay que desmontar el «Petroestado» que genera el populismo. Con el agravante de que en los últimos años es el militarismo. Pienso que son cosas perfectamente desmontables en términos históricos. El Petroestado está agotado y es inviable. Y su derivación directa es el populismo.

En la medida que el Estado no tenga la capacidad financiera de seguir alimentando las expectativas de todos los sectores, va a tener que ser sustituido por un modelo más racional, más moderno, que tampoco hay que inventarlo. Ya está inventado por la sociedad moderna.

Sé que los tiempos han sido duros. Difíciles. La opción de irse es una opción personal que no puede ser juzgada ni se puede generalizar. Lo cierto es que el país tiene futuro y los ejemplos sobran en la propia América Latina.

La dictadura venezolana está agotada, sin recursos económicos, sin popularidad. Con un concierto de países que lo adversan. No tiene liderazgo y, además, con una gran cantidad de venezolanos emigrando. Muchos de ellos sufriendo por razones de tipo emocional y económico, desarticulados totalmente de la protección que deberían estar recibiendo. Y el que no ha salido, en esencia sufre de desesperanza y otros padecimientos. Los procesos sociales son largos y los seres humanos tenemos un ciclo de vida muy corto. Es un drama.

Es como el agua. Dejarla correr y que tome su curso natural. Muchos dicen que no se ve salida. No se ve la gente que va a liderar eso. La gente está y la salida está. Lo que pasa es que son invisibles hasta que se hagan visibles.

¿Quién pensaba en Chávez antes de 1992? Ellos venían conspirando 20 años y de pronto aparecieron ahí. Lo mismo va a suceder cuando se dé la articulación de grupos que en este momento son bastantes anónimos, pero al final se van a articular.

Mi tesis es que tienen que articularse sectores del chavismo y sectores de la oposición con sectores emergentes. Y al final viene como una especie de depuración natural para ir creando realmente un nuevo liderazgo. Una nueva referencia de cara al siglo XXI y no de cara al pasado.

Así que tengo plena fe en que Venezuela se va a recuperar. Y cuando recupere el proyecto democrático, los medios la van a poner de moda. Van a hablar del milagro económico venezolano y van a decir maravillas como venimos hablando maravillas de Chile, de Perú, de Colombia.

De tal manera que esto es un drama, sin lugar a dudas. Una tragedia con un alto costo humano. Unos han pagado más que otros. Pero en términos históricos, económicos y sociológicos, pensar que esto es fin de mundo, el Apocalipsis, no lo comparto, porque sería negar la experiencia histórica de la humanidad.

Parte de lo que decías sobre la desesperanza también tiene que ver con el concepto de felicidad y de esperanza que habíamos desarrollado en Venezuela. Aquí había una esperanza cómoda y fácil. Gente sin méritos llegaba a posiciones importantes. Tengo una frase que le ha gustado a algunos amigos: «**Perecimos por comodidad**».

Fuimos una sociedad cómoda y cuando vino la dificultad evidentemente sufrimos. Nos acostumbramos a nadar en piscinas. Cuando nos tocó nadar en aguas profundas, nos dio miedo. Pero es otro tipo de consideración, de tipo psicológico, psiquiátrico, que también tiene mucho que ver con esta crisis.

¿Este sufrimiento que estamos pasando los venezolanos, servirá como ejercicio pedagógico para ser una mejor sociedad?

Siempre hay aprendizaje. Y del sacrificio, la pena y el dolor, el aprendizaje es mucho más efectivo. Una sociedad es como un edificio. Las bases del edificio son la cultura, lo antropológico, lo cultural, la estructura, la manera de ser de un pueblo. Eso tiene miles de años elaborándose.

Parte del problema cultural nuestro es que, en términos psicológicos y culturales, no hemos superado aspectos de la época colonial, que es una época medieval. El presidencialismo, el concepto de cacique, de jeque, es colonial. Eliminamos al monarca mayor español y pusimos al caudillo como monarca criollo. Lo mismo las leyes. Se acatan, pero no se cumplen. Es un proceso. Cuando vienen los cambios de verdad, la regla te obliga a cambiar. Es como cuando estás enfermo. Al salir de la enfermedad, te obligan a una dieta nueva.

Nos toca un proyecto educativo diferente en el que ya no solo podemos estar hablando de que somos ricos. La riqueza es nuestra preparación, nuestro trabajo, nuestro esfuerzo. Esos paradigmas ya están internalizados en ciertos sectores de la juventud y en la clase media profesional. Hay que generalizarlos. La realidad nos va a obligar a generalizarlos porque el Petroestado es inviable.

Confío en los cambios cualitativos en la sociedad venezolana, en función de la realidad. Pero son procesos lentos porque tienen que ver con la estructura familiar. Con el proyecto educativo. Con los medios de comunicación.

Tenemos que reeducarnos todos sobre paradigmas diferentes.

REALIDADES Y **OPORTUNIDADES** DE LA **INMIGRACIÓN VENEZOLANA**

Los países que reciben inmigrantes suelen verlo como un problema y no como una oportunidad para el país huésped. Si bien es cierto que una migración de bajo nivel, y empobrecida, aumenta los desequilibrios de cargas económicas y los desajustes sociales, también pueden traer beneficios las migraciones educadas y/o con posibilidades económicas para crear o adquirir nuevas empresas, pagos de impuestos y generación de empleos.

Esos extranjeros que llegan y se les asegura el nuevo lugar que le fue negado en su país de origen, con las ganas y la emoción de desarrollar sus profesiones, de aportar sus experiencias, talentos y oficios, y sus recursos económicos, se traducen en crecimiento beneficioso para el país que los acoge.

Cuando el venezolano hace suyo el nuevo país, aporta impuestos e ideas innovadoras que enriquecen la globalización y la cultura desde una esas nuevas maneras de hacer las cosas.

La inmigración venezolana:

- Cuenta con un nivel académico excelente.
- Es una fuerza laboral motivada, dispuesta a aprender y a aportar.
- Por su idiosincrasia, facilita la culturización a través de las relaciones personales donde se logran intercambiar idiomas, ideas y costumbres.
- Crea empresas, paga impuestos y genera nuevos empleos.
- Enriquece la música, la cultura y el deporte.
- Es proclive a crear nuevos mercados internacionales.

Recientemente, el gobierno de los Estados Unidos ha mostrado un interés genuino por ayudar al proceso de recuperación de la democracia en Venezuela. Interés reflejado en las declaraciones de apoyo, en las reuniones con líderes de la oposición venezolana, del Vicepresidente de los Estados Unidos con mandatarios latinoamericanos en su gira a través de Colombia, Panamá, Argentina y Chile para tratar el acuciante tema de Venezuela, entre otras acciones.

Todas estas acciones de solidaridad con el pueblo de Venezuela, y de combate contra el gobierno venezolano, son motivadas no solo por el compromiso de los Estados Unidos con la Democracia en el continente, sino también porque la actual Venezuela representa un verdadero peligro para la estabilidad de la región.

Dificultades del inmigrante venezolano en los Estados Unidos

A pesar de la consideración que se tiene por el inmigrante dentro de los Estados Unidos, debido a que la ley lo establece y en Estados Unidos la ley se cumple. Sin embargo, además de las dificultades con las que se encuentra para obtener su legalidad migratoria, lo que, a su vez, se ha convertido en un ejercicio costoso y largo en el tiempo, el venezolano se ha conseguido no solo con las barreras inherentes a las que se ve sometido todo inmigrante, sino también a una orfandad en su proceso de adaptación y a nuevas exigencias exageradas al momento de entrar a los Estados Unidos.

De manera concisa, se enumeran las dificultades con las que se encuentra el inmigrante venezolano al entrar a los Estados Unidos:

- **Entrada al aeropuerto de los Estados Unidos**: El venezolano que entra a los Estados Unidos se ve sometido a una serie de preguntas solapadas por parte del funcionario de inmigración. Si preguntas como ¿tienes miedo de vivir en Venezuela? o ¿piensas trabajar en los Estados Unidos?, son respondidas de manera afirmativa, entonces se interpreta que busca asilo político, por lo que es detenido preventivamente hasta que un juez estudie su caso. Situación que puede tardar meses y puede conllevar, posteriormente, a solicitarle fianzas y fiadores para liberarlo.
- **Búsqueda de status legal migratorio**: Son numerosos los casos de incorrecta orientación y de estafas al recién llegado por parte de personas que le preparan los recaudos migratorios.
- **Necesidades básicas para la exitosa asimilación social y económica**:
  - Generar ingresos y protegerse como trabajador de posibles abusos patronales.
  - Conseguir colegio y educación para los niños.
  - El aprendizaje del inglés.

- Obtener documentos de identidad: licencia de conducir y Seguro Social.
- Seguro de salud.
- Alquiler o compra de vivienda.
- Conectarse socialmente.

Cómo puede ayudar gobierno americano al inmigrante venezolano

Podemos resumir en tres grandes bloques la ayuda que puede proporcionársele al inmigrante venezolano:

- **Evaluación y divulgación de las normas y procedimientos** aplicados tanto en los puntos de origen para los trámites de migración (por ejemplo, la Embajada de los Estados Unidos en Venezuela), como en los puntos de ingreso a los Estados Unidos (puertos, aeropuertos y puntos fronterizos).
- **Anexión de un tratado de protección temporal o TPS (Temporary Protected Status) por parte del ejecutivo nacional, o una ley que facilite el proceso migratorio,** liderada por el Congreso de los Estados Unidos, u otro proceso que facilite el ajuste de aquellos que, estando en territorio americano, puedan recibir protección migratoria por parte de las autoridades respectivas.
- **Asignación de fondos federales a organizaciones sin fines de lucro** orientadas a brindar apoyo a los venezolanos que llegan a esta nación, con la finalidad de asistir con apoyo informativo y educacional para lograr procesos de asimilación a la vida americana exitosos.
- **Incitar a las diferentes organizaciones sin fines de lucro,** que hoy en día ayudan a la comunidad venezolana, a realizar campañas de orientación al venezolano inmigrante mediante los medios de comunicación, charlas y talleres, folletos, presencia en los programas de radio y televisión.
- **Mayor acercamiento de las organizaciones venezolanas que hacen vida dentro de los Estados Unidos, con las autoridades americanas** para que volteen la mirada hacia el inmigrante venezolano para ayudarlo en su situación.
- **Auspiciar a la comunidad a hacer su presencia en los ámbitos de acción de esta sociedad,** donde seguramente puede hacerse respetar como una comunidad de referencia por su excelente formación y valores. Esta comunidad tiene que convencer al resto de la sociedad de este país, que puede ser útil y beneficiosa al crecimiento de los Estados Unidos.

Mensaje del **maestro** a los **jóvenes** venezolanos

Carlos Cruz-Diez
Artista Plástico

«He visto con dolor la diáspora de jóvenes talentos que han salido del país y las fotografías de sus partidas sobre mi obra en el aeropuerto de Maiquetía. Solo espero que ésta sea un motivo de reencuentro en un futuro cercano.

A mis 94 años, les digo con sinceridad que les ha tocado vivir una época extraordinaria porque todo está obsoleto y hay que inventarlo de nuevo. Hay que inventar un nuevo lenguaje político que hable de democracia, de valores éticos, de libertad, progreso y justicia social. Hay que inventar la educación y crear un país de emprendedores, artistas e inventores. Un país digno y soberano en el contexto global. En fin, en Venezuela hay que inventarlo todo.

¡Qué maravilla!»

ÍNDICE